新时代营销新理念

B2B营销
赋能传统企业数字化转型

渠成——著

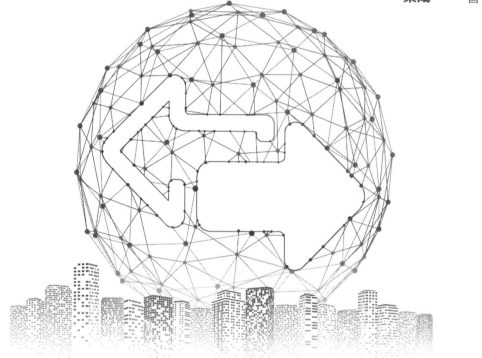

B2B MARKETING

ENABLING THE DIGITAL TRANSFORMATION
OF TRADITIONAL ENTERPRISES

清华大学出版社
北京

内 容 简 介

对很多营销人来说,做好B端营销一直存在许多难题。企业预算不足、渠道单一、不能像C端一样大面积推广、符合品牌基调的渠道难找等问题,都给B端营销带来重重挑战。针对B端营销存在的诸多难点与挑战,本书从战略规划、内容设计、客户获取、私域流量、客户关系管理、团队管理、赋能销售、品牌管理、持续发展等方面进行实战性分析,并提供了B2B营销的实战解决方案。通过阅读本书,传统To B企业可以结合现代化工具,调整营销思路,实现数字化转型和销售额增长。

本书封面贴有清华大学出版社防伪标签,无标签者不得销售。

版权所有,侵权必究。举报:010-62782989,beiqinquan@tup.tsinghua.edu.cn。

图书在版编目(CIP)数据

B2B营销:赋能传统企业数字化转型 / 渠成著 . —北京:清华大学出版社,2023.4
(新时代·营销新理念)
ISBN 978-7-302-61533-0

Ⅰ.①B… Ⅱ.①渠… Ⅲ.①电子商务－市场营销学 Ⅳ.①F713.36

中国版本图书馆CIP数据核字(2022)第144402号

责任编辑:刘　洋
封面设计:徐　超
版式设计:方加青
责任校对:宋玉莲
责任印制:朱雨萌

出版发行:清华大学出版社
网　　址:http://www.tup.com.cn, http://www.wqbook.com
地　　址:北京清华大学学研大厦A座　　邮　编:100084
社 总 机:010-83470000　　邮　购:010-62786544
投稿与读者服务:010-62776969,c-service@tup.tsinghua.edu.cn
质 量 反 馈:010-62772015,zhiliang@tup.tsinghua.edu.cn

印 装 者:三河市少明印务有限公司
经　　销:全国新华书店
开　　本:170mm×240mm　　印　张:14.75　　字　数:240千字
版　　次:2023年4月第1版　　印　次:2023年4月第1次印刷
定　　价:79.00元

产品编号:095761-01

前　言

随着企业服务、产业互联网等B端产业受到关注，B端营销这个话题也越来越火热。B端业务具有成单时间长、金额大、决策人多等特性，许多To B企业在经营过程中并不重视营销工作。随着互联网、自媒体的发展，企业的发声渠道更加多元，"酒香不怕巷子深"的营销思路已经不再适用于当下。如果传统的To B企业不懂得运用新的传播渠道去进行数字化转型，很可能会在竞争中失去话语权。因此，To B企业需要一套专业的营销策略为企业数字化转型赋能。

To B企业与To C企业的经营逻辑不同。To B企业的客户通常都有不同的定制化需求，To B企业的重点在于售后服务，所以很多企业都有客户成功部，其宗旨就是帮助客户成功。因为To B企业的服务流程很长，很少有客户会立刻签单，所以B2B营销无需追求成交量，重点是切入行业圈子，做市场教育。

正因如此，增强客户信任感对于B2B营销非常重要，但是在后端服务难以体现、产品和价格没有太大差异的情况下，如何让客户把自己当作首选呢？答案就是通过营销建立品牌，提升客户对企业的信任感。例如有的To B企业会向客户展示成功案例以彰显自己的实力，有的To B企业会向客户展示自己取得的行业资质。这些举措都是为了证明自己的专业性和实力，从而让客户放心合作。

在全行业数字化转型的大趋势下，To B企业要学会运用新技术、新渠道做营销，如内容营销、直播营销、短视频营销等。To B企业要做好基础设施建设，优化发声渠道，提升品牌地位。例如，很多To B企业没有正式的官网或者不重视官网的建设，导致客户在初期检索的时候检索不到企业，使得企业白白浪费了一次接触客户的机会。

在营销内容方面，To B企业可以不像C端一样偏重娱乐化，而是要注重体现专业性。例如召开品牌发布会、访谈创始人、发布行业白皮书、访谈客户、举办行业赛事等都是 To B 企业展现自己专业性的上佳选择。在留存客户方面，To B 企业可以通过运营私域流量留存客户，建立企业社群形成私域流量池，从而让流量可以被反复利用。

营销的最终目的是赋能销售，增加成单量和提升转化率。所以 To B 企业还要注意解决营销和销售脱节的问题，加强团队配合，统一目标，让营销可以切实发挥作用，为获客提供帮助。

除此之外，建立专业的营销团队也是 To B 企业的重点工作。"现代营销学之父"菲利普·科特勒说过："营销是一场永不结束的比赛。"随着市场同质化趋势愈发明显，建设优质品牌的理念冲击着短、平、快的"营销近视症"。因此，企业的营销团队也要优化升级，例如，从只关注局部到总览全局，从线性思维到整合思维，从使用传统工具到使用现代化工具等。企业营销人员要拥有大局观和整体意识，这样才能让营销赋能业务的整个流程。

本书从 To B 企业营销变革的角度出发，提出了很多实用的营销方法，并引用了大量案例，是一本容易理解的 B2B 营销工具书。由于时间和水平限制，本书的编写可能不尽如人意，希望各位读者批评指正。

目 录

第1章 不懂营销的B2B企业正在失去话语权 // 1

1.1 B2B企业营销的特点 // 2
- 1.1.1 面向企业客户 // 2
- 1.1.2 预算少，专业性强 // 2
- 1.1.3 注重生态合作 // 4
- 1.1.4 周期长，需要长期跟进 // 6

1.2 B2B营销不被重视的原因 // 7
- 1.2.1 漫长的集体决策周期 // 7
- 1.2.2 短期无法实现爆发增长 // 10
- 1.2.3 缺乏品牌意识 // 12

1.3 B2B营销潜力不容忽视 // 15
- 1.3.1 To B企业更需要营销 // 15
- 1.3.2 多元化的媒体传播渠道 // 17
- 1.3.3 客户价值决定营销价值 // 18

第2章 战略规划：可操作性强的B2B营销方案 // 20

2.1 基础建设 // 21
- 2.1.1 官网：全面优化，凸显专业 // 21
- 2.1.2 其他渠道：统一风格，联动运营 // 23

2.2 持续运营 // 25
- 2.2.1 定期输出高价值内容 // 25

2.2.2 积极沟通，了解客户行为 // 27

2.3 客户管理 // 27

2.3.1 明确目标客户群需求 // 27

2.3.2 建立信任，长期发展 // 28

2.4 品牌规划 // 29

2.4.1 树立形象鲜明、特点突出的品牌 // 29

2.4.2 信任背书，提升行业地位 // 30

第3章 内容设计：优质内容是打动用户的前提 // 33

3.1 B2B营销内容的目标 // 34

3.1.1 信息传递与市场教育 // 34

3.1.2 塑造企业形象，形成向心力 // 35

3.2 图文内容设计思路 // 36

3.2.1 标题：用关键词吸睛 // 36

3.2.2 版式：清爽干净、色彩统一 // 36

3.2.3 内容：启发思维+预见趋势+富有趣味 // 39

3.2.4 腾讯云产业+：数字化品牌展厅 // 40

3.3 短视频内容呈现思路 // 41

3.3.1 内容表现形式 // 41

3.3.2 情节具有故事性 // 42

3.3.3 在内容中体现情感 // 43

3.3.4 结合热点话题 // 44

3.4 直播全流程把控 // 46

3.4.1 直播不以带货为目的 // 46

3.4.2 直播前积蓄流量 // 46

3.4.3 直播中裂变转化 // 48

3.4.4 直播后引流到私域流量池 // 48

3.4.5 直播成为工业品B2B企业标配 // 49

3.4.6 石墨办公：品牌发布会揭秘企业成长史 // 49

3.5 To B线下活动策划攻略 // 51

3.5.1 创建客户体验场景 // 51
3.5.2 人员配置：分工明确、专业化 // 53
3.5.3 邀请重量级嘉宾 // 54
3.5.4 寻找最佳活动场地 // 56
3.5.5 总结经验，复制活动 // 57
3.5.6 36氪：To B下午茶 // 59

第4章 营销策略：B端企业营销的关键技巧 // 60

4.1 视觉赋能 // 61

4.1.1 用"视觉锤"吸引注意力 // 61
4.1.2 开发"视觉锤"的7种方法 // 62
4.1.3 建立"视觉锤等式" // 65

4.2 搜索营销 // 67

4.2.1 SEO增加精准流量 // 67
4.2.2 SEM=竞价+SEO // 72
4.2.3 SEM核心优势 // 73
4.2.4 关键词与用户需求匹配 // 74
4.2.5 成交=用户需求+卖点 // 76

4.3 多渠道广告投放 // 79

4.3.1 信息流广告投放 // 79
4.3.2 社交媒体广告投放 // 81
4.3.3 视频广告投放 // 82
4.3.4 展示类广告投放 // 84
4.3.5 电商广告投放 // 86

4.4 KOL现身说法 // 87

4.4.1 与行业权威合作 // 87
4.4.2 用成功案例说服客户 // 88
4.4.3 微信支付与腾讯新闻联合出品：《智慧Talk》// 89

第5章　客户获取：打破B2B企业获客难的魔咒 // 91

5.1　改变获客思维 // 92
5.1.1　找客户：让客户从被动变主动 // 92
5.1.2　养熟客户再"卖货" // 93
5.1.3　Atlassian：没有销售员的To B企业 // 94

5.2　有效的获客渠道 // 96
5.2.1　不可忽视的线下渠道 // 96
5.2.2　针对性强的付费渠道 // 97
5.2.3　高频互动的免费渠道 // 98

第6章　私域流量：锁定客户，实现低成本转化 // 100

6.1　客户分层精细化管理 // 101
6.1.1　二八法则：20%的客户需要重点关注 // 101
6.1.2　客户价值评估公式 // 102

6.2　客户生命周期管理 // 103
6.2.1　把握客户生命周期，发现更多增长点 // 103
6.2.2　不同客户生命阶段的管理方法 // 104

6.3　企业和客户共同成长 // 106
6.3.1　如何做到有效互动 // 106
6.3.2　制造惊喜，建立优势 // 107
6.3.3　挖掘客户的长期价值 // 108
6.3.4　民生银行："客户为中心"的精细化管理体系 // 109

6.4　如何运营好B2B社群 // 110
6.4.1　留存是社群运营的最终目的 // 110
6.4.2　建立成员成长体系 // 111
6.4.3　为成员提供持续性价值 // 113
6.4.4　常发红包，提升社群活跃度 // 114

6.4.5　社群专属礼品，强化品牌认知 // 116

　　6.4.6　举办活动，提供社交场景 // 118

第7章　客户关系管理：提升企业与客户交流能力，最大化收益率 // 120

7.1　向To C企业靠拢，做有温度的服务 // 121

　　7.1.1　建立客户档案，洞悉客户需求 // 121

　　7.1.2　追踪客户数据，提供个性化服务 // 122

7.2　加强企业之间的联动 // 125

　　7.2.1　建立良好的人际关系 // 125

　　7.2.2　打破资源壁垒，整合资源 // 128

　　7.2.3　资源置换，双向共赢 // 129

　　7.2.4　"微课中国行"：提升品牌形象，增进交流 // 131

7.3　做好全流程服务 // 132

　　7.3.1　迅速处理，提高服务效率 // 132

　　7.3.2　优化沟通管理，增加有效沟通 // 133

　　7.3.3　提高回访服务质量，维系客户关系 // 134

第8章　营销与销售：告别无效化营销，提高团队一致性 // 137

8.1　为什么营销不能提升业绩 // 138

　　8.1.1　跟风营销，没有客户基础 // 138

　　8.1.2　未找到客户的关键需求 // 139

　　8.1.3　缺少完整的营销体系 // 140

8.2　目标规划 // 142

　　8.2.1　销售和营销团队保持目标一致 // 142

　　8.2.2　各部门合理分工，相互配合 // 143

　　8.2.3　用SMART原则进行目标规划 // 144

8.3 打通考核指标 // 146

    8.3.1 绩效考核需考虑企业的整体销售目标 // 146

    8.3.2 绩效考核必须与薪酬设计相结合 // 147

    8.3.3 针对目标市场调整考核模式 // 148

8.4 长期联动配合 // 150

    8.4.1 营销跟踪辅助后续销售过程 // 150

    8.4.2 营销策略始终围绕销售目标 // 151

第9章 团队升级：打造高价值人才团队 // 152

9.1 营销团队的四大核心职能 // 153

    9.1.1 战略和领导力 // 153

    9.1.2 需求挖掘 // 154

    9.1.3 品牌营销 // 155

    9.1.4 产品营销 // 156

9.2 营销团队需要有整合思维 // 157

    9.2.1 整合客户、销售与研发，消灭信息差 // 158

    9.2.2 整合企业各部门，联动协作 // 158

    9.2.3 整合成本与价格，展现产品价值 // 159

9.3 营销团队的"三角关系" // 160

    9.3.1 技能：分工明确 // 160

    9.3.2 信任：目标一致 // 163

    9.3.3 责任感：责任共担 // 165

9.4 营销团队如何科学运作 // 166

    9.4.1 "1对多"的互联网交流模式 // 167

    9.4.2 用数字化工具分析市场 // 167

    9.4.3 持续互动，跟踪服务 // 169

    9.4.4 巧用事件营销，增加曝光度 // 171

第10章　赋能成交：把握成单关键，提高客户转化率 // 173

10.1　如何提高销售线索质量 // 174
10.1.1　补充销售线索内容 // 174
10.1.2　建立销售线索评分和管理机制 // 175

10.2　To B营销如何提高线下转化率 // 176
10.2.1　缩短成交路径 // 176
10.2.2　用故事为品牌背书 // 177
10.2.3　线上活动落地方案 // 177
10.2.4　线下活动落地方案 // 178

10.3　服务与转介绍 // 179
10.3.1　提高客户黏性 // 179
10.3.2　客户成功部门是什么 // 181
10.3.3　价值互换，成为客户信任的人 // 182
10.3.4　优待老客户，寻求转介绍机会 // 183

第11章　品牌管理：To B企业更需要打响品牌 // 184

11.1　为什么To B企业需要品牌营销 // 185
11.1.1　To B企业客户的情感投射 // 185
11.1.2　To B企业采购存在避险心理 // 185
11.1.3　To B企业不只看重成交价格 // 186
11.1.4　工业富联：关灯工厂 // 187

11.2　品牌定位 // 188
11.2.1　企业客户画像：基本信息、常用媒介、购买流程 // 189
11.2.2　关键人画像：基本信息、话语权、接受能力 // 189
11.2.3　差异化的运营与传播 // 190
11.2.4　华为：人格化品牌形象 // 192

11.3　推广渠道 // 193
11.3.1　微博平台：制造互动话题 // 193

11.3.2 微信平台：打造高效吸金平台 // 194

11.3.3 直播平台：近距离接触，扩大影响力 // 196

11.3.4 知识型平台：宣传企业核心理念 // 196

11.4 To B企业品牌运营秘诀 // 198

11.4.1 全渠道融合，建立新媒体矩阵 // 198

11.4.2 精准投放，产品公关锁定目标人群 // 200

11.4.3 打造IP，持续输出价值 // 201

11.5 如何做好To B企业的品牌公关 // 203

11.5.1 制定品牌公关危机应对预案 // 203

11.5.2 及时响应，真诚对待 // 204

11.5.3 "7×24"实时大数据舆情监测 // 206

11.5.4 唯品会：快速化解危机，保护品牌形象 // 208

第12章　持续发展：To B企业如何始终保持竞争力 // 212

12.1 To B企业面临的竞争压力 // 213

12.1.1 技术迭代，企业的数字化转型 // 213

12.1.2 老客户流失，新客户难获取 // 214

12.1.3 产品与时代脱节，无法打动客户 // 215

12.2 To B营销的潜在发展机遇 // 217

12.2.1 开放的媒体环境，促进企业与消费者共赢 // 217

12.2.2 革新产品研发顺序：客户→产品 // 218

12.2.3 从沟通到预测，更贴心的服务体验 // 220

第 1 章

不懂营销的 B2B 企业正在失去话语权

如今我们已经进入互联网发展的下半场,人口红利逐渐消失,C 端市场(面向普通用户)式微,B 端市场(面向企业客户)崛起。我国市值排名靠前的互联网公司,如阿里巴巴、腾讯、百度、美团、京东等纷纷转向 B 端市场,B 端市场前景广阔。

传统 To B 企业因为客户集体决策、业务周期长、缺乏品牌意识等而不重视营销。这不利于传统 To B 企业度过数字化转型的关键时期。随着媒体渠道的多元化,客户获取信息的方式越来越多,如果企业还只用传统方法获客,只会慢慢失去话语权。

1.1　B2B企业营销的特点

To B 企业具有一些特点，例如，面向企业客户、预算少、专业性强、注重生态合作、周期长等，所以在营销方式上和 To C 企业会略有不同。

1.1.1　面向企业客户

在市场刚需和国家政策的影响下，很多企业已经感受到了 B 端市场的巨大潜力，但对于如何拓展相关业务，这些企业却不得其法。于是，有一部分企业索性将在 C 端市场的运营模式生搬硬套到 B 端市场。殊不知，与 To C 企业相比，To B 企业有着截然不同的营销逻辑。

其中，最明显的不同是，B2B营销面向企业客户，这些客户大多是集体决策，决策前会进行详尽的评估和分析，很难被一句广告语或是一个营销概念打动。所以 To B 企业完全照搬 To C 企业的营销模式是不行的，因为客户的关注点不同、痛点不同，而缺乏针对性的营销就像在大雾中前行，结果是不可控的。

所以 To B 企业要根据企业客户的特点，并结合一些 C 端营销的手段，找到有针对性的营销方法，从而打响品牌，获得更多客户。

1.1.2　预算少，专业性强

To C 和 To B 的最大区别是产品所面向的群体不同，To C 产品面向的是个人，To B 产品面向的是企业。对比而言，To C 企业的大部分工作是把产品做好然后交付到客户手中，客户基本上是即时消费，售后服务也不会持续太长时间。而对于 To B 企业来说，订单从预订到交付需要很长一段时间，这让一些企业不会在获客阶段投入太多预算。由此，出现了 B 端企业营销专业性强、要求高，却资金预算不足的现象。

1. 专业性强、要求高

一方面，To B 企业的专业性体现在产品的实际应用上。To C 产品致力于提升客户的体验，客户会选择体验效果更好的那一款产品。但 To B 产品，例如 ERP（Enterprise Resource Planning，企业资源计划）、OA（Office Automation，办公自动化）、CRM（Customer Relationship Management，客户关系管理）等传统系统，虽然交互流畅度一般，外观设计也并不完美，但能解决企业管理方面存在的问题，有利于调动企业资产，降低企业成本，较好地管控员工，对于提升企业效率起了很大作用。总之，To C 产品大多是为了好的体验感，而 To B 产品是为了解决问题。

另一方面，To B 企业的专业性还体现在客户对业务的了解上。To C 企业面对的群体是个人客户，这些个人客户对于产品的理解大多停留在表层，基本上属于"小白"，其中较为专业的"发烧友"所占的比例非常小。因此这些个人客户提出的问题比较少，这便于 To C 企业扩大宣传广度，迅速开拓市场。

但 To B 企业所面对的群体则完全不同，其面对的是在各个行业具备一定专业性和声望的企业。所以 To B 企业不仅要拥有先进技术以进行产品研发，还要对客户所涉及的业务有足够的了解。To B 企业只有在营销过程中展现出极高的专业性，才能得到客户的认可和信任。对于 To B 企业来说，不专业就意味着本来能达成合作的客户可能会流失。

在 B 端市场，客户购买产品时会更加理性，这就要求 To B 企业和客户进行充分的价值沟通，建立价值认同。这样，客户才会更愿意了解产品，进而购买产品。所以对于 To B 企业来说，有效的营销办法并不是与客户进行沟通，而是作为专家或者顾问，为客户提供专业的帮助。

2. 资金不足

因为企业客户对产品专业性、效果的要求高，所以一些 To B 企业把很多预算用于产品优化，而没有给营销留下太多预算，这导致企业的产品虽然优秀却鲜为人知。如今，物质资源极大丰富，客户获取信息更加容易，这也意味着其不会再花大力气去寻找合作伙伴。所以，To B 企业要努力走到客户面前，改变之前的经营战略，提高对营销的重视程度。

或许 To B 企业不会像 To C 企业一样花大价钱大范围地做营销，但至少要想办法用有限的资金在目标市场提高知名度，这样才能进入客户的视线范围，进而成为客户的第一选择。

1.1.3 注重生态合作

To C 产品的使用场景比较单一，因此 To C 企业在营销上只需要做好单点突破即可。例如，牙膏就是用来刷牙的，许多牙膏生产企业从红海中找到蓝海，主打美白牙膏、防蛀牙牙膏、儿童牙膏等产品。

而 To B 产品则相反，To B 产品的使用场景比较复杂。例如，一家 To B 企业要为一家包装企业进行服务，而包装的企业所要面对的目标对象非常多元，有可能是化妆品、食品，也有可能是服装。这反映出一个事实：To B 企业必须具备提供定制化解决方案的能力，同时还要对多个领域有足够的认知，否则很难在 To B 市场上站稳脚跟。

对于 To B 企业而言，在打造自己的商业模式时，应该更倾向于建立生态合作，形成优势互补。一般来说，To B 企业的商业模式包括以下几种类型：一是客户流，即帮助客户建立流量入口，引导流量进入；二是信息流，即为客户提供所需要的信息，帮助客户进行市场和产品的精准定位；三是物流，即为客户提供进货和出货的运输服务，统称为第三方物流；四是技术流，即为客户提供标准化的经营管理工具，帮助客户在内部运营和外部运营等方面提高效率；五是资金流，即为客户提供资金。

虽然不同的 To B 企业有不同的商业模式，提供的产品也各不相同，但有一点是共通的，那就是 To B 企业很少会做一次性生意。一般来说，To B 企业都会和客户保持良好、持久的合作关系。B 端服务项目较为复杂，所以 To B 企业必须要注重商业生态圈的建立和维护。

例如，一般来说，公共建筑的装修都比较复杂，很多时候甲方会同时选择多个承包商进行施工，每个承包商完成一个环节。一个完整的工程被过度拆分，而不同承包商之间又互不熟悉，这就导致对接效率下降，严重延误工期，还很有可能出现质量问题。

To B 企业面临的便是类似的情况，客户的业务与需求非常复杂，如果没有良好的商业生态圈，则很容易陷入"盲人摸象"的境地。To B 市场所涉及的范围十分广泛,而其中普遍统一的趋势有3个,如图1-1所示。

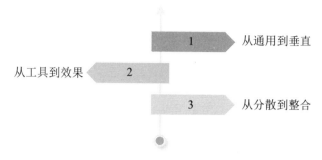

图1-1　To B市场的3个统一趋势

1. 从通用到垂直

一般来说,做通用型To B产品的To B企业不容易在市场上占据有利位置。To B产品的个性化非常强,每个客户都会面临不同的问题,一个通用的To B产品很难满足多个客户的需求。例如,一套软件几乎不可能做到既适合建筑企业又适合食品企业。而且即使是同一领域的客户也会遇到不同的问题,所以对市场进行垂直细分才是To B企业占据更大市场的正确做法。

2. 从工具到效果

一般而言,工具市场会分散,而效果市场会集中。如果To B企业提供的To B产品只是简单的工具,那就难以吸引客户;而如果To B企业提供的To B产品效果属性较好,那就会吸引客户主动购买产品。

例如,两个To B产品都可以提高管理效率,一个可以提高30%,而另一个可以提高60%,大部分客户就会选择可以提高60%效率的那一款产品。但是现在很多企业的管理模式不够成熟,可能无法达成To B产品的全部效果,所以To B企业还是要先以纯工具进行过渡。

3. 从分散到整合

目前,B端服务已经基本上可以做到"云化",但是整合程度还远远不够,与欧美发达国家还有些许差距。如果To B企业可以进行云整合,并建立起良好的商业生态圈,极大地提高效率,为客户提供更为便利、快捷的一站式服务,就可以改善这一现状。

例如，位居国内商标申请量前列的知识产权服务平台权大师已经和财税服务平台慧算账达成了战略合作协议，这将使双方的资源深度整合，两个领域的B端服务将实现横向打通、彼此融合，两家企业的客户也将享受到更加完善的专业化服务。

作为百度人工智能生态战略中金融业的重要组成部分，度小满金融已与多家银行达成了战略合作，希望将传统金融体系的优势和金融科技企业强大的技术能力进行融合，形成优势互补，共同推进金融业的发展和变革。

不仅国内的To B企业开始着手建立B端服务的商业生态圈，国外To B巨头也开始布局中国市场。甲骨文已经和上上签电子签约云平台达成战略合作，进军电子签约SaaS服务市场，依靠Oracle SuiteCloud平台，在庞大的中国市场打造SDN（Software Defined Network，软件定义网络）战略生态。

在发展To B的道路上，合作即共赢，互补即放大优势。另外，To B企业还应该多多关注建立合资企业这一方式，与达成战略合作相比，建立合资企业的联合力度更大，能够使各方之间的联系更紧密，推出新产品的效率更高，更利于企业在行业内提高知名度。

1.1.4 周期长，需要长期跟进

和To C产品相比，To B产品的价值不易体现，需要较长的时间来证明。但已经明确的一点是，To B市场前景广阔。以美国为例，在过去20年中，美国诞生了多家千亿美元以上的To B企业，例如甲骨文、思科、IBM、Salesforce等。

在欧美地区，仅是甲骨文、SAP和Salesforce 3家To B企业的市值就达到了4900亿美元，Workday、ServiceNow等To B企业的市值也都超过了400亿美元。但在国内，却鲜有市值超过百亿美元的专注于B端服务的企业。

国内To B企业之所以发展滞后，除了国内企业以技术提升效率的紧迫感不强，还有一个主要原因是To B产品使用起来比较复杂，市场一直很难被打开。例如，在全球SaaS企业中排名前列的ServiceNow，在发展初期也一直不温不火，主要是因为其门槛太高、对技术能力的要求太高，而且在实施的过程中需要足够的底层平台进行支撑。这就要求To B企业在营销上要有耐心，学会"放长线钓大鱼",先对客户进行教育,再销售产品达成合作。

在这种情况下,To B企业要让客户知道如何使用To B产品,这样才能提高其购买意愿。除了做一些科普类的内容营销,在为客户提供服务的过程中,To B企业不仅要把产品交付出去,还要帮助客户完成部署、实施和使用,以保证产品可以产生客户预期的商业价值,然后再以此为基础形成口碑。

任何生意成交的基础都是信任,且项目金额越大,越需要双方有更强的信任感。在B2B的项目中,几乎没有金额太小的项目,那么如何促成两个陌生企业的合作呢?答案就是做好口碑,增加品牌资产。而货真价实的成功案例、过往客户的好评则是口碑的重要来源。To B企业在营销过程中,要不断地向潜在客户强调这些内容,以增强他们对企业的信任感。

1.2 B2B营销不被重视的原因

为什么营销经常会被To B企业忽视呢?这是因为B端业务自身的特点,例如,客户理性大于感性、业务无法短期爆发式增长、企业本身缺乏品牌建设等。这让To B企业营销很难快速见效,更不会达到To C企业神话般的营销效果。

1.2.1 漫长的集体决策周期

一般来说,To B企业面向的群体具备两大特征:一是模式化程度较高,很难在短时间内改变原有经营理念和商业模式;二是体量较大,最终决策往往需要经过不同部门、多个管理者的审批才可以真正通过。在开拓市场的过程中,这两大特征也给To B企业带来了不同于To C企业的问题:首先是获客成本居高不下,其次是决策周期加长。

1. 获客成本居高不下

首先,To B企业获客成本高的主要原因是获客模式适用性不高。

To C企业常用的获客模式为大规模发布广告和创意营销,但这些获客模式很难在To B企业中奏效。因为To B企业的客户专业性很强,消费也相对理智,"天罗地网"却"营养不多"的广告很难打动他们,产品能否提升经营效率、带来实际利润才是决定其是否购买产品的唯一标准。

部分 To B 企业运用"大面积撒网,选择式捕捞""打电话+邀约+上门"等传统方法寻找客户,但在当下信息化、智能化的时代中,这样的方法已不再适用。例如,智能手机会将宣传产品的电话标记为骚扰电话或推销电话,这大大增加了 To B 企业的获客难度,减少了获客数量。

其次,销售人员会影响获客成本。

获客成本一般是指企业为得到一个客户而在市场、销售等方面支出的所有开支的总和,特别是前端销售的开支。To B 企业打开市场主要依靠销售人员与客户进行洽谈的方式,很多 To B 企业由于扩张的需要,招聘了大量的销售人员,而部分销售人员因技巧尚不熟练、对产品和目标客户的业务了解不深,导致单位时间内的签单量较少。这不仅会降低整体的销售效率,还会使获客成本大幅度提高。

最后,对于 To B 企业而言,市场教育成本也是获客成本的一个重要部分。

我国的 To B 领域刚刚起步,很多企业还沉浸在之前的人口红利期中,对通过引进相关技术和改变运营模式来提高效率的做法还没有清晰的认知,对 To B 产品的接受度也普遍较低。在这种情况下,To B 企业要打开市场,获得更多客户,就必须付出更多的时间、精力让客户了解 To B 产品的价值。

To B 企业想获得客户,第一步要做的就是获得客户的信任。客户的信任一般来自这几个方面:产品质量过硬、管理者专业、运营体系完善、能够持续提供服务、有标杆项目和真实案例、有第三方权威认证等。

很多 To B 企业为了达成绩效通常将重心放在小企业上,希望通过增加产品的数量来打开市场,但实际效果往往不如攻下一个大企业。因为 To B 企业服务于大企业会在业内形成标杆效应,可以使流量主动流入。例如,智慧管理云平台理才网先与腾讯、阿里巴巴、华为等大企业达成合作,这有利于获得中小企业的信任,进而有利于之后向中小企业推广产品。

To B 企业还需要不断使用新的获客工具。例如,人力资源管理系统服务商薪人薪事的创始人常兴龙和联合创始人刘彤凭借着对营销数据分析的敏锐感做了一个爬虫工具。通过使用爬虫工具,他们几乎可以搜索到网上所有的人力资源和薪资管理信息。在确定客户的需求后,为客户推送精准的服务,这使得企业的获客效率得到了大幅度提升，同时也降低了获客成本。

对于已经建立了合作关系的客户，To B 企业应继续深入挖掘其需求。一般来说，已经建立合作关系的客户会对产品产生信任感，这时 To B 企业为其推荐其他产品和附加服务会更为简单。

在实际操作过程中，To B 企业可以将已经建立合作关系的客户按需求划分层次，然后筛选出有进一步合作可能性的客户，并进行对应的宣传和引导。而且在这一过程中，已经建立合作关系的客户还很有可能为 To B 企业介绍新的资源，以此来帮助 To B 企业形成纵向和横向联动的获客体系。

2. 决策周期加长

对于 To C 产品，客户的决策时间一般比较短。例如，客户可能仅花费几分钟的思考时间就会买下一件衣服或一双鞋子。To B 产品则完全不同。对于企业而言，员工购买产品先要由部门经理审批，然后报给财务主管乃至总经理审批。体量较大的企业还会设立专门的采购部门，采购部门会对市场上的产品进行比质、比价，甚至还会举办招标会，筛选出一定数量的供应商后再由上层管理者进行决策。

To B 产品的客单价相对较高，这让很多企业变得更谨慎。甚至很多企业的管理者在评估 To B 产品时，会列出含有上百个问题的清单，而 To B 企业需要逐个进行解答。

以上这些因素导致企业决策周期加长，即便是中小企业，成单时间都需要一两个月，而如果是规模较大的企业，成单时间甚至会达到一年以上。在如此漫长的决策周期内，随时可能会发生变故。这就要求 To B 企业必须时刻紧跟客户，了解客户需求，为客户提供满意的服务。

对于企业来说，购买 To B 产品就像是更换"心脏"，这个"心脏"连接了很多重要的"血管"。因此虽然原本采用的 To B 产品较市场上其他的 To B 产品有差距，但一旦更换就需要进行一系列复杂、烦琐的流程，成本和难度都非常高，所以企业更换 To B 产品时总是慎之又慎。

在应对客户决策周期加长这一问题时，居家设计平台和生态解决方案供应商酷家乐就采取了很好的解决措施。To B 产品通常会出现购买者和使用者分离的情况，这就使得企业在购买 To B 产品时会花费更多的时间考虑。而酷家乐建立了专门的团队去接触企业，能够让企业在购买产品时更迅速地了解产品的各个方面，以减少企业考虑的时间。

在 To C 市场中，举办线下活动、进行竞价推广、优化搜索引擎等都是常用的获客手段。如今，To B 市场成为新的风口，商业逻辑发生了变化，产品质量好、满足客户需求、服务优质等因素对于 To B 企业促成客户交易越来越重要。面对如此局面，To B 企业不能只在获客渠道上下功夫，还要不断创新，提升获客效率。

1.2.2 短期无法实现爆发增长

通过对近几年的市场进行观察，我们可以发现，To B 市场不会像 To C 市场一样突然出现指数型爆发增长，而是会以每年 2~5 倍的速度线性增长。这应该是 To B 市场正常的发展速度，所以对于 To B 企业来说，最重要的就是要有耐心。

由于 To C 市场的迅猛发展，绝大部分人都习惯了指数型的增长趋势。在 To C 市场，一家新成立的企业在一年之内拿到三轮甚至四轮融资的情况并不少见，但在 To B 市场，这样的情况很少出现。相比于 To C 企业，To B 企业的产品研发周期长、获得收益周期长等特点都使其发展得较为缓慢。

一般来说，To B 企业比较容易获得天使轮和 A 轮融资，而到了 B 轮和 C 轮融资时，投资者会仔细分析 To B 企业的营收情况。决定 To B 企业能否融资成功的关键因素就是收入和续费率，只有收入和续费率高的 To B 企业才有可能获得融资。

在美国，发展最快的从事 B 端服务的上市独角兽企业，收入增长速度可能会达到 10 倍以上。但对于大部分 To B 企业，尤其是国内的 To B 企业来说，在创业初期，收入增长的速度能达到 3~4 倍就已经很不错了，很难出现一年增长十几倍的情况，所以 To B 企业需要耐心耕耘。

在 To C 市场，原本的巨头很容易被后起之秀超越。一家规模巨大的 To C 企业如果不能跟上客户行为改变的浪潮，也会很快被市场抛弃。因为 To C 企业使用的是"快攻"战术，企业实现指数型裂变增长是十分常见的，在这种快速增长的模式下，To C 市场中的竞争是十分激烈的。

一般来说，To C 企业的产品上市流程是这样的：首先，根据客户需求研发产品，在最短的时间内生产出一批可供客户使用的产品快速进行试销售；其次，对产品使用情况进行数据统计和数据分析，并在此基础上对产品进行优化；最后，正式上线产品，获得盈利并开展融资工作。

对于 To C 企业来说，产品研发、生产得越快，就越能在市场中占据主动地位。但前提是试错成本必须足够低，试错周期也不能太长。而 To C 企业能够根据客户的普遍需求研发产品，也能够快速获得客户反馈并进行产品更新，这些都减少了 To C 企业的试错成本并缩短了试错周期。

但对于 To B 企业来说，上述做法根本行不通。因为 To B 产品面向的是企业，企业引进新的 To B 产品会对其经营产生重要的影响，这其中包含了过高的试错成本、过多的时间和精力成本。因此如果 To B 企业像 To C 企业一样通过"快攻"战术来追求指数型爆发式增长，那么很可能达不到自己想要的效果，甚至可能会因为走上一条不正确的道路而被市场淘汰。

当然，这并不意味着 To B 企业只能缓慢前行，其实 To B 市场也会迎来爆发，但不会是在前期，而是在后期。在 To B 国际市场上，甲骨文、SAP 就是经历了漫长的发展过程才逐渐成熟的，而现在，这些巨头的地位依然无法撼动。

这是因为如果企业对一个 To B 产品及其配套服务感到满意，就不会再轻易更换。而且 To B 产品还牵涉了企业内部大多数的流程、权限和人员，因此更换 To B 产品的过程也十分复杂。对于 To B 企业来说，一个稳定的客户能够为其带来长久、多样的收益，因为除了向客户销售产品的收入，后续诸如续费、运维、升级等业务也会为企业带来收入。

To B 企业要想获得长久发展，就必须通过大量的市场调研来找到真正可以长久发展下去的 To B 业务。由于 To B 产品的个性化非常强，所以 To B 企业进行市场调研所花费的时间和资金成本会比 To C 企业多得多。To B 企业生产 To B 产品不仅需要足够的时间和丰富的经验，而且需要强大的技术做支撑。

To B 企业三角兽就是通过大量的市场调研，研发出了手机"智慧识屏"功能。这不仅使其获得了大量独家合作伙伴，还使其拥有了非常多的市场份额。同时，三角兽推出的对话交互平台也被小米电视率先接入，成了后来小米音箱中的"小爱同学"。三角兽的服务器每天都要完成数千万次对话，海量的交互数据也为其建立起坚不可摧的技术壁垒。

在国内 To B 市场刚刚起步的大环境下，To B 企业想在短期内获得高回报可能是难以实现的。因此 To B 企业应该沉下心来，进行市场调研和技术攻坚。只有对不同类型的企业有了深入的了解，并能够提供高质量的产品和服务，To B 企业才能在市场上立足，乃至成为独角兽企业。

1.2.3 缺乏品牌意识

在建立企业品牌方面，有些人认为 To C 企业在初创期需要迅速建立品牌，并利用各种宣传手段进一步提高知名度和影响力，而 To B 企业则不必急于考虑品牌方面的问题。这种观点并不正确，其实 To B 企业也需要快速建立品牌，以获得更多关注。

To B 企业面向的客户都是企业，而企业会非常重视合作伙伴的品牌影响力，因为 To B 企业的品牌影响力在一定程度上代表了 To B 企业的服务水平。如果 To B 企业的品牌影响力太弱，那么就要付出非常高的游说成本。

相比于 To C 领域，大众和媒体对 To B 领域的关注比较少，To B 企业也很难开展品牌推广工作，而这种情况主要是由以下 3 点导致的，如图 1-2 所示。

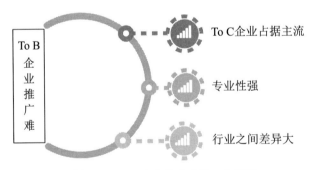

图 1-2　To B 企业推广难的 3 大原因

1. To C 企业占据主流

在我国，To C 企业与 To B 企业的发展有很大不同，前者占据了主流，后者则显得比较低调。三大互联网巨头百度、腾讯、阿里巴巴的主营业务都是 To C 业务，而抖音、趣头条等新兴互联网平台所涉及的也都是 To C 业务。网络上与 To C 相关的新闻有很多，与 To B 相关的新闻则很少。

2. 专业性强

To B 业务具有很强的专业性，不像 To C 业务一样贴近生活。很多人觉得 To B 的新闻晦涩难懂，很多媒体为了阅读量也不会太多地对其进行报道。缺乏新闻报道使得 To B 难以被大众熟知。

3. 行业之间差异大

To B 所涉及的行业非常多，行业之间的差异也特别大，而且行业之间难以实现融合。因此即使在 To B 领域内，也很难实现信息的广泛传播和共享，这又进一步缩小了 To B 的推广范围。

对于 To B 企业来说，如果想获得关注，实现更好地推广，就要建立品牌影响力。To B 企业可以从以下 3 个方面来建立品牌影响力，如图 1-3 所示。

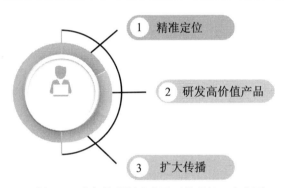

图 1-3　建立品牌影响力需要做到的 3 个方面

1. 精准定位

精准定位是企业建立品牌影响力的核心因素。因为客户最关心的是 To B 产品能够提高多少效率和带来多大收益，所以 To B 企业一定要找到自己的核心竞争力，然后由此着手完成精准定位，并在推广的过程中切实地为客户解决问题、消除痛点以及优化运营。

2. 研发高价值产品

产品是企业建立品牌影响力的根基。To B 企业必须要不断提高自己的技术水平，结合客户的需求，为其打造满意的产品。由于客户的需求是多样化的，所以 To B 企业要根据不同客户的不同需求为其打造个性化的 To B 产品。To B 产品越能满足客户需求，越能带给客户更好的使用体验，就具有更高的价值。客户能够通过产品认识 To B 企业，To B 企业的产品做得好，自然能够推动品牌影响力的建立和传播。

3. 扩大传播

在建立品牌影响力时，To B 企业应该学会为自己造势，进一步扩大传播。首先，To B 企业要建立良好的企业口碑。对于口碑较好的 To B 产品，客户普遍持信任态度，认为其通过了行业的检验。其次，To B 企业要通过各种渠道使自己的产品为人所熟知。这相当于在所有潜在客户心中埋下了一颗"种子"，随时都有可能因此促成交易。

To B 企业 Slack 主营企业通信服务，在初创期，其很大一部分业绩增长是来自口碑营销。而 Slack 之所以能够迅速获得亮眼的成绩：一方面是因为其产品具有非常精准的市场定位，可以充分满足企业的需求；另一方面是因为其创始人斯图尔特·巴特菲尔德的正确领导。

巴特菲尔德在创办 Slack 之前就已经非常出名了，他曾是图片分享应用平台 Flickr 的创始人。在 Slack 创立之初，巴特菲尔德利用自己的影响力为 Slack 做了大力度的宣传，而这种宣传的效果是非常显著的。在 Slack 推出的第一天，就有约 8000 名用户注册使用了该软件，两周后，注册人数便增长了一倍，这为 Slack 日后的快速发展打下了坚实的基础。

除了 Slack，主营视频会议服务的 Zoom 也十分重视打造品牌影响力。在打造品牌影响力方面，Zoom 投入了大量的人力、物力、财力，其创始人兼首席执行官袁征表示，一定要尽可能让 Zoom 被更多的人知道。

为此，Zoom 在被称为硅谷心脏地带的 101 公路上利用广告牌进行广告投放，并且不断增加广告牌的数量，而 1 个广告牌每个月需要花费 5 万美元的租金。这样的广告投入对于初创期的 Zoom 来说无疑是巨大的，但 Zoom 觉得这种投入是有价值的。

除了广告牌，Zoom 选择的另一种扩大传播的方法是在 NBA 中投放广告。Zoom 与金州勇士队达成了一项为期 3 年的合作协议，根据协议，勇士队可以免费使用 Zoom 的产品，而 Zoom 则可以在勇士队的主场内得到 1 个推广品牌的广告位。

随着 To B 市场的渐趋繁荣，很多 To B 企业开始重视品牌影响力，而且大部分非常优秀的 To B 企业有能力将自己的形象和信誉树立起来。在建立品牌影响力的同时，To B 企业也需要注重品牌的联合推广和跨界营销。

1.3 B2B营销潜力不容忽视

To C 企业面向的客户群体为个人，其在消费的过程中更为感性、决策快，所以 To C 企业很容易通过运用价格优势、邀请明星代言等营销策略来打开市场。而 To B 企业则不同，To B 企业面向的客户群体为企业，其更为理性、决策周期长，十分注重产品和服务本身的质量。当然，这并不意味着 To B 企业不需要重视营销，相反，因为 To B 的客单价高，所以营销能带来的利润更多。

1.3.1 To B 企业更需要营销

一般来说，To B 企业所涉及的范围不会太大，可能就是某个行业中的一个细分领域，其产品和服务也不像 To C 产品一样可以广泛适用。所以，为了引起受众的关注，To B 企业更应该重视营销，如果套用 To C 企业那种广撒网吸引流量的方法很可能会达到事倍功半的效果。那么，To B 企业应该如何进行营销？如图 1-4 所示。

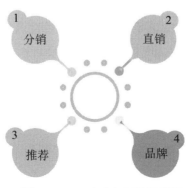

图 1-4 To B 企业如何进行营销

1. 分销

代理分销是 To B 领域非常重要的一种营销模式，To B 企业可以把销售环节交由分销商负责，从而腾出时间和精力更专注地进行产品和服务的打磨。对于 To B 企业来说，虽然代理分销的利润点较低，但仍然可以获得高额的销售收入。这是因为代理分销商一般都拥有客户资源，而且其销售经验也比较丰富。

为企业提供会计解决方案的 SaaS 供应商 Xero 就是运用代理分销的营销模式获得了快速发展。会计师可以成为 Xero 的代理分销商，在利用自己专业知识为客户提供服务的同时，将 Xero 打包出售以获取分成。通过运用这种非常有革新意义的营销模式，Xero 用了不到两年的时间就将 2000 家会计企业发展为分销商，而且在其 35000 家新增合作企业中，有 60% 都是通过分销商得到的。

国内很多 To B 企业采用的也是这一模式，以主推社会化客户关系管理系统（SCRM）的六度人和为例，其在国内 SCRM 市场中一直处于优势地位，80% 的客户留存率更是远高于其他 To B 企业，而其 90% 的收入就源于代理分销。

2. 直销

直销是 To B 领域最基本和最常用的一种营销模式，这种营销模式不仅操作起来比较简便，达到的效果也最为显著。从市场的实际情况来看，直销比较适合这两种 To B 企业：一是刚刚成立的 To B 企业，其产品和服务尚未得到市场和客户的检验，很少有分销商愿意代理；二是专门为大型企业服务的 To B 企业，因为大型企业通常体量大、数量少，To B 企业可以直接与其进行对接。

但在发展的过程中，To B 企业会受到直销模式的局限性的影响，所以 To B 企业在通过直销站稳脚跟后还是应该拓展其他的营销模式。Zendesk 是一家提供基于互联网的 SaaS 客户服务/支持管理软件的企业，在 To B 领域有比较大的影响力。最初 Zendesk 的服务模式都是直销或自助注册购买，但现在其已经开始采用代理分销的营销模式。

3. 推荐

推荐是指客户将自己正在使用的 To B 产品推荐给其他企业，并获得 To B

企业一定程度的奖励，这种营销模式的典型代表是为企业提供云储存服务的 Dropbox。如果推荐成功，客户将获得 Dropbox 给予的 500MB 云存储空间扩容奖励。此举让 Dropbox 的客户数量从 10 万提升到了 400 万，而这一过程只用了 15 个月。

4. 品牌

品牌对于 To B 企业也是非常重要的，因为 To B 企业在开拓市场、发掘新客户时，品牌是最好的敲门砖。但 To B 品牌和 To C 品牌是不同的，To C 品牌一般都是围绕趣味性、时尚性、美观性等多种元素而建立的，而 To B 品牌则非常注重专业性。

从 To B 企业和 To C 企业的公众号中就可以看出区别：一般来说，To C 企业的公众号风格比较活泼，文章也都是从娱乐的角度切入；To B 企业的公众号则倾向于严肃、谨慎的风格，所选的话题基本上都和商业或者财经相关。

To B 企业要打造一个具有强大影响力的品牌，最有效的办法就是先与大企业建立合作关系，然后利用自上而下的辐射效应形成业内的正向口碑传播。因为在同一行业中，中小企业通常会借鉴大企业的做法，头部企业对下层企业的辐射效应非常明显。

To B 的营销是一个长期的不断优化和调整的过程，To B 企业需要提前制定好营销策略，并和相关部门做好沟通。通过长期、不间断地营销，To B 企业能够吸引更多的企业关注，同时也会建立起自己的品牌，提升自身影响力。

1.3.2 多元化的媒体传播渠道

微信、短视频、直播等媒体渠道越来越丰富，这让人们获取信息的深度和广度都变大了。从前，我们买衣服和鞋子只能知道它们的品牌，却无法知道它们的面料供应商是谁。而随着技术的发展和媒体渠道的多元化，获取这些信息都不再是难事，甚至终端的用户可以直接与这些供应商对话。

或许在不久的将来，终端的用户可以通过更多的渠道了解企业，甚至通过评判上游供应商来做出购买决策。到那时，To B 企业、B 端客户、终端用户之间便没有了信息差。同样，To B 企业还要走到台前，还要运用各种媒体工具与用户对话。

奥美上海集团总裁韦棠梦曾这样评价 To B 企业营销："它们虽然不直面消费者，但是可以驱动消费。"

全球最大的信息技术和业务解决方案公司 IBM 在近十年的发展过程中始终坚持走向台前，宣传自己。它们不只关心自己的机器，还关心公司在企业、政府、公众间的影响力，这并不只是为了博得好名声，还是为了转变公司的角色。

从表面看来，To B 企业的目标客户是那些提供大单的客户，但事实上，产业链上的任何一个环节的终点都是终端用户。所以那些提供大单的客户更愿意和了解终端客户的企业合作，因为这些企业更容易提出有价值的方案。

与此同时，当 To B 企业走向台前，越来越多地暴露在公众视野中时，社会对企业的要求也会日益增高。所以，企业必须小心维护自己的公众形象，设计专业的营销方案，多展示正面、积极的内容，提升品牌形象，避免因不重视营销，而被媒体的放大镜放大劣势，影响业务增长。

1.3.3 客户价值决定营销价值

To B 和 To C 之间有非常多的不同点，而这些不同点主要集中在两者的具体表现上。例如，在目标和侧重点上，To B 和 To C 就有非常大的不同：To B 的目标是帮助企业提升效率，侧重于产品的功能设计而非使用体验；To C 的目标是让客户感觉舒适，所以侧重于使用体验。

但抛开 To B 和 To C 的产品形态和具体表现来看，两者的核心思想还是相通的，那就是客户价值。无论是 To B，还是 To C，其商业价值上限都等于单个客户价值乘以市场容量。对于 To B 企业来说，虽然其市场规模小，但胜在客单价高，每个流量都非常值钱，营销也就更有意义。

在过去 20 多年里，国内的 To C 领域有了飞跃式的发展。对于处在 To C 领域的企业来说，最重要的资产就是客户和流量。经过长时间的积累和沉淀，国内的 To C 企业已经拥有了足够多的客户作为存量。如果可以将这些原有的客户成功导入 To B 业务中，将会对国内的 To B 领域产生非常大的促进作用。

虽然 To B 产品面向的是企业，但其决策者也是作为个体存在的，他们也会享受 C 端服务。当这部分作为决策者的个体被导入 To B 业务以后，就可以成为购买 To B 产品的关键力量。当然，这可能有点像大海捞针，也许 10 万个个体客户中只有一个是企业的决策者，所以这部分个体发挥的大多是辅助作用。更为重要的是，C 端的客户和流量可以被用来进行 To B 原始数据的积累和广告业务的开发。

阿里云在全球云计算市场排名第三，国内稳居第一，年营收规模也一直在突破新高，4 年间增长了大约 20 倍。其如此迅猛的发展与淘宝系产品在电商领域的积累是密不可分的。大量的淘宝系商家将他们的商业数据上传到阿里云，这些商业数据为阿里云积累技术发展、优化计算、存储资源、综合配置等方面的经验提供了有利条件。

爱奇艺一直处于国内移动端视频市场的第一梯队，广告业务是其主要的营收来源。但过多的广告不仅会影响客户体验，还会造成客户流失。为此，爱奇艺在广告中添加了个性化元素，通过让客户玩小游戏来延长停留时间，以此获取效益。虽然广告属于 To B 业务，但是这一做法主要靠的是深度挖掘原有 C 端客户的价值。

除了通过导入 C 端的客户和流量进行横向发展，To B 企业还可以进行纵向延伸，去深度挖掘原有客户的价值。随着客户自身规模的扩大，其需求也在不断增加，To B 企业则需要在此基础上不断跟进，积极创新，为客户提供相应的产品和服务。

第 2 章

战略规划：可操作性强的 B2B 营销方案

自企业级服务市场成为风口，企业级营销服务也开始备受关注。To B 企业要从战略层面重视营销工作，从基础设施建设、运营、广告投放、客户管理、品牌规划等方面制订可以落地的 B2B 营销方案，以此提升获客效率。

2.1 基础建设

基础建设指的是企业对官网、微信公众号、微博号等媒体宣传渠道的运营，这些媒体宣传渠道是大众最容易了解企业的地方，所以企业要做好对这些渠道的优化工作。

2.1.1 官网：全面优化，凸显专业

官网是企业的另一张"脸"，展示了企业的发展概况和产品信息。如果客户没有其他途径了解产品，就会先去企业官网查找信息。设计得很优秀的官网，能充分体现出企业的内涵，增加客户的好感度；而设计得很敷衍的官网不仅不能有效地表现出企业的内涵，还有可能将很多潜在客户拒之门外。

官网是最具性价比的宣传渠道，企业运营好这个宣传渠道，既能提高产品的销量，又能树立权威、专业的品牌形象。那么企业要如何设计官网呢？

1. 需求分析

官网是企业面向大众的窗口，能展现品牌形象，以及解决用户疑问。不过，在规划设计官网的时候，企业要根据自身所处阶段进行合理设计。初创公司需要在官网中集中展现核心业务，以及和其他公司的差异；成长中的公司需要适当转型，着重推荐新业务；较成熟的公司需要细化每个产品线的内容，将各种品类都做到精致，尽力展现自身专业的形象。

2. 总体定位

虽然每个企业的核心业务不同，但官网的总体设计都是由slogan、核心业务、优势、产品介绍、公司简介等部分组成的，所以企业要在优化视觉表现、突出营销业务、丰满产品线这几个方面优化官网。以下是设计官网的具体步骤。

（1）风格确定

官网的风格需要根据品牌的调性来确定，既能展现品牌形象，又能强化产品优势。例如 Adobe 的官网以黑色为主色并辅以简单的图片拼接，低调又吸引眼球；苹果官网秉承着"less is more"的简约风格，其官网设计以黑、白、灰为基础色调，并搭配简单的宽屏高清图，传递出优雅、极致的品牌理念，营造出高级的用户体验效果。

（2）框架

官网的所有功能可以分解为以下关键词：首页、营销、广告管理平台、数据管理平台、供应方平台、广告交易平台、软件产品、解决方案、实验室、公司介绍、优秀案例、公司新闻。

如果官网中的每个功能都突出，就相当于没重点。无印良品的官网设计就很"克制"，用体验和细节去打动用户。也就是说，官网设计不能一味横向扩充，还需要纵向增强层次感。

综上所述，官网设计要突出营销功能和产品线。可以把营销单独作为一个板块，放置在首页之后，而企业简介可以放在最后。然后，根据关键词的属性分类，把 DSP、DMP 分在数字营销产品类；把 Labs 归入软件产品类；把案例归入营销推广服务类。最后的官网框架如图 2-1 所示。

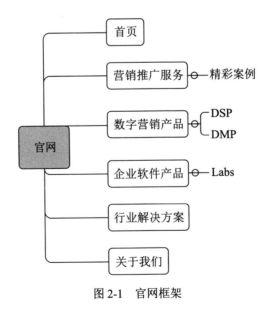

图 2-1　官网框架

(3) 核心页面设计

官网的首页主要展现企业的愿景、产品的定位、公司的业务等内容，以加深客户对企业的最初印象。首页是对整个官网各个菜单功能的概述，可以为客户提供目录式的指引。

营销推广服务是企业的核心业务模块，展示推广服务涵盖的范围和优势。营销广告涉及的对象需要在不同的页面中被阐述，以便让客户深入了解营销推广的优势。而且每个页面要具有统一性，因此各个功能模块的标题、文案、附带图片的格式要大致相似。

2.1.2 其他渠道：统一风格，联动运营

除了官网，还有很多其他的宣传渠道。企业要了解各大渠道的分类及其特性，从而有针对性地投放广告、策划广告内容、设置转化点，以配合官网，进行联动运营。

1. 腾讯相关产品

腾讯是社交行业的龙头公司，成立时间长，凭借着QQ和微信，占据着大量流量，基本可以覆盖全网用户。主要投放平台有：腾讯新闻、微信朋友圈、微信公众号、腾讯网、腾讯视频等。

这些平台的用户群体广泛、覆盖面广，且日常活跃性高、黏性大，最适合用于品牌宣传。另外，新闻资讯类平台信息资源丰富，目标用户定位精准。工业或生活类产品最适合在这些平台投放广告，如果使用软广式植入的方式，更能让客户接受。

2. 微博

微博的用户群体活跃性高，而且偏年轻化，容易受舆论影响。微博的移动端日活跃用户占比达91%，且内容形式包括博文、视频、图文等。微博"粉丝通"基于微博的社交属性，可以精准地将内容传递给粉丝和潜在粉丝。生活类、地区类、游戏类等特色产品，最适合在微博上投放广告。

3. 新浪扶翼

新浪扶翼是以数据洞察、程序化购买为基础的精准广告投放平台。新浪用户群体比较集中，其中受教育程度高的男性用户偏多。新浪扶翼有数百个资源位，覆盖多个核心优质资源，每日曝光量达 6 亿。基于男性用户多这一特点，股票、游戏、汽车等内容适合投放在这一平台。

4. 抖音

抖音在产品推送上达到了千人千面的效果。针对新注册用户，抖音会推送 10～20 条不同的视频内容，然后根据用户观看视频的次数记录其行为，不断给其定义标签。抖音日活跃用户达 5 亿，可见其曝光量之大。而且抖音对新品牌的包容度也比较高，很多新品牌都是在抖音走红的。

然而，在抖音投放广告的成本偏高，且要求素材质量较高。因此游戏、App、电商等泛流量产品最适合在抖音平台上投放广告。

5. 知乎

知乎的用户群体偏年轻化、高学历，且大多为消费能力偏高的一二线城市白领。知乎的广告位分布在推荐页、问题页、回答页、关注页 4 个板块。知乎的流量质量高，用户都较为理性，因此房产家居、金融、教育培训、旅游等相关行业可在知乎上投放广告。

6. 百度信息流

百度是搜索引擎巨头之一，在百度的各大平台资讯中都可以看见原生广告。百度的主要产品有百度贴吧、百度手机浏览器等。它可以利用关键词定向检索，没有特殊行业投放的限制，因此企业可以根据客户的兴趣在百度上进行有针对性的广告投放。

7. 今日头条

今日头条是一款基于数据的推荐引擎产品，是国内互联网成长最快的产品之一，也是目前资讯类信息流广告投放的最大平台。今日头条的用户群体广泛，集中在二三线城市。

今日头条的算法成熟，支持关键词定向检索，可以快速锁定目标用户，10秒更新用户模型，精准投放广告。理财、生活、游戏、App等产品都可以在今日头条的相应导航栏中进行分类投放。

8. UC 头条

UC头条主打基于大数据的用户兴趣标签的广告投放模式。一方面，阿里巴巴提供的专业广告后台和服务支持，可以更精准、有效地将信息推送给全球UC浏览器的用户；另一方面，UC头条的导航分类可以帮助企业进行有针对性的广告投放。

9. 论坛、社区推广

论坛、社区是常用的免费推广方式，推广形式包括跟帖、发帖、回答问题等。优质的论坛值得企业重点投入，比如贴吧、虎扑、天涯、豆瓣等综合性论坛。

此外，垂直论坛和社区是精准用户的聚集地，但这些平台的用户对广告会更加敏感，因此适合做测评或经验分享贴类的软推广。这样企业可以通过直接交流、接触，了解行业重度用户的新需求。

2.2 持续运营

对各个流量入口进行了优化之后，企业要对其进行持续运营，包括输出高价值内容、保持沟通等，以保证各宣传渠道的活力以及客户的黏性。

2.2.1 定期输出高价值内容

内容是获客的核心，它是客户在选择合作企业时的重要参考依据，内容甚至可以决定转化率。在企业双方互不相识的时期，行业见解、成功案例、技术分享等有价值的内容可以有效证明To B企业的实力，让客户的天平向自己倾斜。

1. 内容要有价值

为客户创造价值是商业的根本性原则。所以 To B 企业输出的内容一定要让客户觉得有用，并且可以理解和消化。例如，在 To B 领域，高价值的内容一般包括某个理念，如用户增长、私域流量运营等；某些术语及其含义，如 SCRM、流量池等；某些逻辑，如 To B 企业数字化的重要性等。这些都是与客户的经营问题息息相关的内容，既能帮助客户解决一些经营上的困惑，又能体现 To B 企业的专业价值。

2. 内容要有观点

很多企业输出的内容一般都是这样的格式：描述背景—描述痛点—插入广告。这样的内容往往吸引力不足，因为它缺少一个核心观点。

一篇好文章，读者通读下来，应该就能知晓作者的观点，这个观点也就是 To B 企业的价值所在。例如，一家为在线教育企业提供私域流量方案的企业，它的推广软文应该是这样的格式：首先，说明在线教育前景大好；其次，说明在线教育遇到的问题；再次，说明私域流量如何解决这些难题；最后，说明 To B 企业提供的解决方案。

仅输出观点还不够，高价值的内容还要有引导性，即引导看到的人使用 To B 企业提供的解决方案。所以优秀的 To B 内容的创作应该遵循这样的逻辑，即先找到切入点（观点、方案），再找到应用场景（问题），最后加入话题（行业现状）。

3. 内容要关注客户需求

没有什么内容对每个人都是有价值的，内容是否有价值是相对于客户而言的。所以，To B 企业输出的内容要关注客户需求，即发现哪些信息是客户不了解的，在力之所及的范围内提供给他。很多 To B 企业的营销工作其实就是在做市场教育工作，大部分客户对具体技术和操作细节并不了解，他们只想知道如何解决问题，所以 To B 企业只需要告诉他们自己的产品能满足他们的需求就可以了。对此，最简单的方法就是将客户需求作为关键词蕴含在内容中，这样既能快速俘获客户，又能增加客户检索到该内容的概率。

2.2.2 积极沟通，了解客户行为

除了定期输出高价值内容，To B 企业还要注意建立顺畅的沟通渠道，与客户保持联系。良好的沟通可以帮助 To B 企业实时了解客户状态，分析并收集客户对产品的反馈建议，从而制定出更有针对性的解决方案，增加获客概率。

对于 To B 企业来说，了解客户的行为至关重要，这可以帮助 To B 企业衡量客户价值，确定其会不会签约或续约。一般来说，愿意和企业沟通的客户会给企业带来更多的价值，除了比较容易签约，他们还能成为企业的种子客户，帮助企业打响品牌。

因此，To B 企业要建立一个便捷且明确的沟通渠道，了解客户的喜怒哀乐，知道客户喜欢哪些功能或服务，解决客户的问题。这些信息对于运营团队来说至关重要。除此之外，企业和客户的沟通还要保持活跃性，即客户有问必回。不要让客户的反馈石沉大海，否则会影响客户沟通的积极性。

2.3 客户管理

为了降低风险，企业客户一旦选定合作伙伴一般不会轻易更换，所以 To B 企业不会只做一次性生意。这也意味着，To B 企业需要做好客户管理，跟踪其需求变化，和客户建立信任，谋求长期发展。

2.3.1 明确目标客户群需求

对于 To B 企业而言，企业客户的需求很少像普通用户那样存在通用性和共性，一般每家企业的经营状况、组织架构等都存在很大差异，所以客户的需求也会存在差异。这就要求 To B 企业为每个客户提供有针对性的解决方案，这样客户的留存率才会提升。

那么 To B 企业可以通过哪些途径明确目标客户群的需求呢？

1. 客户需求

客户定制的产品或功能是其需求最直接的表现，这是一个客户不同于其他

客户的独特之处。To B 企业在对接客户的定制需求时，可以将不同需求汇总分析，按照行业、规模、功能等找到这些特殊需求的共性，将共性内容加入标准产品中，从而不断优化产品。

2. 竞品分析

无论是 B 端市场，还是 C 端市场，都存在竞争关系。To B 企业可以通过分析竞品（竞品的功能规划、产品架构、最新功能等）来知晓客户不选择自己而选择竞品的原因，而这个原因通常就是客户的需求。进行竞品分析不仅可以使企业了解潜在客户的需求，还可以了解竞争对手的客户的需求，从而把握行业主要客户群体的主流需求。

3. 行业动态和政策趋势

对于 To B 企业来说，关注行业最新动态，了解最新技术趋势，是了解行业客户需求，及时调整产品方向的重要依据。例如，ETC 催生了很多金融类服务业的发展，为智能客户行业带来了新市场和商机。

2.3.2 建立信任，长期发展

To B 企业之所以能与客户保持长期关系，信任是其中一个很重要的原因。没有客户愿意在买卖交易中上当受骗，甚至遭受损失。因此对于客单价较高的 B 端业务来说，客户更倾向于和自己信任的企业合作。在双方刚开始建立合作关系时，信任感是最难建立的，而信任感的建立来自于客户对于 To B 企业综合的、全方位的衡量。

客户对于企业的态度取决于企业自身，一旦 To B 企业和客户建立了信任关系，那么客户就会做出一种感性的投资行为。这不仅可以帮助企业提升自身价值，还可以增加客户黏性，为未来持续不断地达成订单保驾护航。这种信任感的建立是可持续的，能与客户建立高度信任感的 To B 企业还有机会获取更多优质客户，为企业未来的发展奠定基础。

如何与客户建立长期的信任关系呢？

1. 体现专业性

专业性是客户与 To B 企业合作的基础。每个客户都希望帮自己解决问题的人足够专业，以省去自己的研究时间和成本。如果 To B 企业能做到在营销过程中对专业问题对答如流，甚至能为客户优化现有方案，就很容易得到客户的信任。

2. 对客户利益绝对忠诚

商业合作建立在双方互利的基础上，所以 To B 企业在营销过程中要时刻表现出为客户着想的态度，给客户足够的安全感，这样才能得到他们的信任。

3. 与关键人物建立良好的人际关系

商业合作有理性也有人情。即使是 B 端业务，也会有一两个负责决策的关键人物。所以 To B 企业在营销过程中要注意分析这些关键人物，把取得他们的信任作为重点。例如与客户企业负责决策的关键人物保持融洽关系，非常有利于两家企业的再次合作。

4. 维护品牌与口碑

主动寻找客户不容易，那有没有办法让客户主动找上门呢？答案就是建立品牌，维护口碑，让客户慕名而来。一个强有力的品牌不仅可以缩短与客户建立信任的时间，还可以提高双方合作过程中自己的话语权。

2.4 品牌规划

对于 To B 企业来说，品牌建设同样重要。良好的品牌口碑可以向客户证明企业的专业性，从而减少获客花费的时间和成本。

2.4.1 树立形象鲜明、特点突出的品牌

所有企业最基本的运营路径都是：产出来，卖出去。而一些 To B 企业的

运营路径却是先卖出去，再产出来。例如，一些为企业提供某业务解决方案的企业都是先将"想法"卖出去，再生产服务。

所以，在 To B 企业营销过程中，客户的选择尤为重要。而选择权则来自客户对于企业品牌的好感和信任度。品牌越强势，客户选择的概率就越高。所以，一家注重品牌建设的 To B 企业应该如何打造一个形象鲜明、特点突出的品牌呢？

基于品牌识别，To B 企业要从多方面打造品牌形象，然后以该形象为核心进行营销传播，使品牌形象深入人心。

品牌形象一般由两方面组成：一是有形的内容，二是无形的内容。或者说品牌形象由"形"与"神"构成，只有形神兼备，品牌形象才能趋于完美。

其中，有形的内容指的是品牌的功能性，即品牌与产品或服务的关联性，如员工形象、办公环境、业绩数据、社会形象等。客户可以通过这些内容看出企业的产品或服务是否能满足自己的需求。而无形的内容指的是品牌独特的魅力，是营销者让客户可以感知到的品牌个性，如文化、价值观、服务理念等。这些内容可以让客户对品牌多一分好感。

对于 To B 企业来说，品牌建设并不是无关紧要的工作。一个优势品牌可以提高传播效率，打开销路，使企业获客更容易。

2.4.2　信任背书，提升行业地位

一些初次和企业合作的客户往往缺乏安全感，会怀疑产品效果、性能等。这时 To B 企业就要用信任背书，证明品牌的实力，消除客户的疑虑。

一般来说，信任背书包括以下几种，如图 2-2 所示。

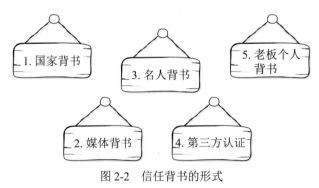

图 2-2　信任背书的形式

1. 国家背书

一个人的产品品类常常会成为国家的标签，如瑞士钟表、法国香水、德国汽车等。这是因为这些国家在生产某些产品方面具有优势。如果企业的产品属于这一类型，就可以利用国家为产品背书，为产品进入国际市场提供强大的官方支持。

2. 媒体背书

一些权威的媒体品牌在客户中有广泛的认知度和较高的信任度，当这些媒体为企业、产品或老板个人背书时，客户就会将对媒体的信任转嫁到对应的企业、产品或老板本人上。例如，当某个企业老板被央视等权威媒体认可或称赞时，客户就会认为这个老板值得信赖。

3. 名人背书

名人背书十分常见，例如，很多企业都会选用明星担任品牌代言人。名人将自身信誉延伸到特定的企业品牌上，能够加深客户对于该企业品牌的信任。同时，名人背书是一把双刃剑，一旦名人的信誉受损，企业品牌也会随之受到打击。

4. 第三方认证

第三方认证包括正式和非正式两种。正式的第三方认证包括：ISO9001（质量管理体系标准）认证、3C（China Compulsory Certification，中国强制性产品认证）认证、中国名牌、著名商标等由第三方机构颁发的认证书。非正式的第三方认证包括：官方销量数据、上市企业身份、与权威机构的合作关系、权威机构颁发的奖项等。

5. 老板个人背书

在商业社会里，企业老板作为一个特殊群体，能够代表某企业或品牌的灵魂。企业老板通过建立自己的个人品牌，在各种场合向客户传递正面联想，能够让客户将对于企业老板个人品牌的信任转移到企业品牌上。

一些企业老板由于具有远见卓识、创新精神和强大的领导能力，在客户心中形成了强大的个人形象。他们利用各种公共场合，通过讲故事的方式与他人分享自己的成功经验和失败教训，以此加深公众对自己个人品牌和企业品牌的印象。

例如，雷军刚开始研发红米手机的时候，非常希望小米能够带动国内产业链的发展，因此红米手机全部使用的是国内器件。不过，在完成第一批次的产品生产以后，雷军发现这一批次的红米手机根本达不到预想的使用标准，不仅上网速度慢，而且手机使用的流畅度也不高。

更糟糕的是，手机行业的生产通常需要提前预订，雷军当时已经预订了40万台红米手机，如果不卖，就要损失上亿元的成本。经过一段时间的认真思考，他还是觉得不能卖这批手机，但是，如此巨额的损失会使处于初期的小米承受很大的压力。后来，雷军与很多供应商进行了深入地沟通和交流，最终把损失控制在了4000万元。

由此可见，为了让红米手机的质量更好，雷军付出了金钱上的代价。而这件事情的流传，也大幅度提升了客户对雷军及其产品的信任。

当企业老板从幕后走向台前，他说出的每一句话，做出的每一个行动，都是一种公开承诺，不仅代表了他自己，也代表了企业。如果企业老板用言行证明了自己的产品足够可靠，那么会大大提高客户对于产品、企业的信任。

第 3 章

内容设计：优质内容是打动用户的前提

内容为王，是各行业营销奉行的一个准则。口号式的广告不仅在 C 端难以打动客户，在 B 端更是难以引起客户的注意。B 端客户追求产品的细致和深入，所以 B2B 营销要在内容中体现企业实力和价值，以优质的内容打动客户。

3.1　B2B营销内容的目标

与B2C营销不同，B2B的营销内容往往不会直接促使客户做出购买决策，而是引起客户的兴趣，让客户与企业做进一步的沟通。所以B2B的营销内容更重视信息传递与市场教育、塑造企业形象等方面。

3.1.1　信息传递与市场教育

消除企业与客户之间存在的信息差是B2B营销的一个重要目标。只有更多的客户认可企业的产品和服务，企业的获客规模才能提升，利润才能有所增加。而获得认可的前提就是在客户心中建立产品认知，通过信息传递与市场教育，把他们从陌生访客变成成熟用户。

下面按照用户接触产品的4个阶段来介绍如何通过营销来进行市场教育。

1. 起因：遇到问题

这个阶段的客户基本不了解产品，也不具备很多专业知识，他们只知道自己遇到了一些问题，迫切地希望找到解决办法，可能会上网大量搜索信息。

对于这个阶段的客户，营销内容主要是回答问题，要简单直白，直击痛点。内容的标题最好使用问句，吸引客户的注意力。结尾处可以添加微信号或二维码，引导客户与企业做进一步沟通。

2. 认知：找到解决问题的方案

这个阶段的客户已经学习了一些相关知识，有了一些目标企业或产品，初步找到了解决问题的办法。

对于这个阶段的客户，营销内容应以案例为主，帮助客户打开思路，找到解决问题的办法，也进一步向客户证明自己的实力。

3. 明确：解决办法

这个阶段的客户对自己遇到的问题有了进一步的认知，开始主动了解能帮自己解决问题的企业的产品的功能、案例、使用方法、成本等信息。

对于这个阶段的客户，营销内容要包括专业的产品使用说明，或者优劣势比较，以给客户提供最直接的信息。

4. 选择：找到最适合自己的产品

这个阶段的客户根据自身的实际情况做出最后的选择。对于这个阶段的客户，营销内容已经不能再发挥很大作用了，因为客户基本已经有了决策。此时企业的工作重点应该转为服务，让客户消除疑虑，避免客户在"临门一脚"之际跑单。

教育客户就是引导客户从一个阶段进入下一个阶段的过程，从初步认知到选择，企业通过文章、邮件、线下发布会等营销形式，为客户补充大量内容，以推进其对品牌和业务的了解，从而放心地做出合作决策。

3.1.2 塑造企业形象，形成向心力

营销不仅能促进销售，还有利于塑造品牌形象。目前，一些 To B 企业正在拓展思路，运用讲述故事和制作多媒体等方式传播品牌。

美国富国银行设计了一个简洁的博客向客户传达了公司的 3 项宗旨：

帮助我们的客户迈向成功；

协助我们的团队茁壮成长；

每一天都实现个人价值。

这个博客设计精美，其关注度远超富国银行的官方新闻博客。在"Stories"一栏中，富国银行讲述了一系列客户的成功故事，例如，富国银行与 Urban Outfitters 的合作，在凤凰城的志愿者工作，为圣路易斯食品银行做出的贡献等。富国银行通过这些成功的客户案例，向每一个看到博客的人传递企业的社会责任感和价值观。

这些内容帮助富国银行在联系客户与建立品牌长期资产方面塑造了优势，让一些潜在客户能更了解品牌内容和企业的特点。当他们要选择金融合作伙伴

时，这些内容会促使他们做出选择。

出色的营销内容是客户做出选择的依据。良好的企业形象能够缩短客户找到企业的路径，让他们更快做出决策。

3.2 图文内容设计思路

图文是应用得最普遍的一种营销内容形式，其制作简单、门槛较低。但图文内容的设计入门容易，精通却难。想要让客户耐心看完图文内容，并增加合作的意向，To B企业就要对图文内容进行巧妙的设计和优化。

3.2.1 标题：用关键词吸睛

对于图文作品而言，标题是最先给读者留下印象的，所以在标题中体现客户的需求对增加目标客户的点击率有着至关重要的作用。要起好一个标题，就必须要抓住目标客户的心理。例如，一个为客户介绍中小企业营销方案的图文内容，如果取名"十大最适合中小企业的营销方案"就远没有"客户从0到100，10种方法提升业务转化效率"更吸引人。营销的目的是增加客户，提升业务转化效率，因此把客户的需求在标题中表现出来会更容易吸引目标群体。除此之外，还可以营造一定的悬疑感，引起读者阅读的欲望。

标题的分类必须精准，现在很多平台都会将同类的图文内容放到一个板块中，以便于读者检索。在这种情况下，标题的分类精准才能被平台分入正确的板块中，吸引特定的客户，避免出现错版而导致目标群体错误，阅读量太小。

由此可见，图文内容要在标题上充分体现出客户需求，这样才能激发客户点击浏览图文内容的欲望，为图文内容增加更多的流量和关注度。

3.2.2 版式：清爽干净、色彩统一

除了标题，图文内容的排版效果也会影响客户阅读图文的欲望。在读者还没有深入阅读图文内容时，排版效果非常影响观感。如果排版令读者感觉很舒

服,读者就可能继续阅读;反之,排版嘈杂、混乱,则可能使得读者放弃阅读。图文排版是非常有技巧的,下面介绍一些图文排版的实用经验。

1. 避免大段文字堆砌

如果图文内容文字居多,且没有空格和分段,读者在浏览时就需要不停地翻动页面,且手机的字号较小,因此读者浏览起来非常费力。如果内容中必须插入大量文字,营销团队应当将其分成小段,中间插入空行,并且尽可能地使用简练的语言,减轻读者浏览的压力。读者浏览图文内容就像看路边的广告牌一样,如果是不符合读者浏览记忆特点的布局段落,读者可能转眼就会忘记。

2. 图文信息有层次感

除非读者非常无聊,否则不会花费大量时间慢慢浏览图文内容。大多数人一般都是在坐车、吃饭、上厕所、走路等碎片化时间浏览图文内容。在这些时间里,人们看手机用的是浅层注意力。这就要求营销团队推送的图文内容要具有层次感,易于读者理解吸收。最好的层次是"大标题—中标题—小标题—图片—文字"的形式,如图3-1所示。如果没有这样的结构次序,内容全部堆在一起,读者浏览时会不知从何处看起。

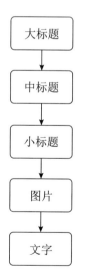

图3-1 图文内容层次次序

3. 排版工具符合风格

除了分段和有层次，图文内容还要有独特的风格。这个风格要与企业定位相统一，且每篇图文内容的风格不能相差太大。营销团队可以运用一些排版工具中的素材，快速确定图文内容的风格。

（1）秀米

秀米是出现较早的排版工具，比较适合排版初学者。这一工具的板块素材固定，而且可供营销团队自由发挥的空间较小。

（2）i排版

i排版是排版工具中的后起之秀，整体风格简洁清新，可以添加各种小符号，颜色也非常多。i排版最大的优势是可直接调整整体页边距，一般情况下整体页边距为1。如果正文中有引用的段落或者其他特殊段落，也可以单独将其页边距设置为2，使整体更加和谐统一。

（3）135编辑器

135编辑器最大的优势是可以选择文字颜色色值，拥有基本图标等各种版式。然而，135编辑器的每一个模板的套用都非常复杂，很容易出现套用混乱的现象。

为了增加图文内容的美观程度，还需要加入一些图片素材，但是在使用图片时，需要注明原作者并注意版权问题。下面介绍几个国内外常见的图片网站。

1. 静态图片网站

（1）中国视觉联盟

中国视觉联盟主打黑白视觉系照片，网站作品都有原作者，使用时标明作者即可。

（2）创意作品网站

创意作品网站主打各种色彩鲜明、有格调的高清图片，使用时也需要标明作者。

（3）花瓣网

花瓣网主打各种类型的文艺图片，图片像素非常高。

（4）全景网

全景网包含所有类型的图片，但是大部分都是收费的，只有一部分图片是免费的，营销团队可以自己寻找。

（5）壁纸网

壁纸网中包含的图片类型繁杂，分类比较模糊，营销团队需要根据自己的需求自行筛选，图片均为高清。

2. 动态图片网站

（1）Kotaiguchi-gif

Kotaiguchi-gif中的图片形式简洁好用，但是提供的素材较少，大部分是一位日本设计师用汉字灵感做出来的各种形式的动图。

（2）rafael-varona

rafael-varona中的动态图片精巧呆萌，具有后现代的风格。

（3）gifparanoia

gifparanoia中的动态图片效果非常好。

3.2.3 内容：启发思维+预见趋势+富有趣味

与C端客户消费相对感性不同，B端客户会对To B产品和To B企业进行全方位的评估，并结合自身实际情况进行选择。所以对于To B企业来说，图文内容的价值性尤为关键。

首先，To B企业要明确自己的产品可以为企业提供什么价值，或者能够为企业做哪些事情。客户购买To B产品的第一目的就是解决运营和发展过程中遇到的问题，当客户不知道怎么办时，为他们提供一个解决问题的途径是营销的一个重要作用。

其次，To B企业要向客户传递企业的价值观和对行业的理解，即预见趋势，体现专业性。一般情况下，一家成熟的To B企业都拥有完善的文化体系，价值观则是文化体系的集中表现。例如，腾讯的愿景是"用户为本，科技向善"，小米的愿景是"让每个人都能享受科技的乐趣"。每一个客户都希望和成熟、看上去就非常有序的To B企业进行合作，而价值观则是这些特质的最佳体现。

对行业的见解则表现出了 To B 企业对行业的了解程度，一家在某一领域深耕多年的 To B 企业应该能对行业趋势和现状做出一些判断，如政策解读、行业常见的痛点、市场未来的发展方向等。这些内容更能让客户觉得 To B 企业专业，从而对其产生更多信任。

除此之外，为了增加读者浏览图文内容的耐心，图文内容还要富有趣味，例如，加入一些故事和成功的案例，而不是长篇大论地论述技术或政策。To B 企业需要通过通俗易懂的内容表现出产品的优势与特点，让一些非专业的客户也能理解。客户企业决策人的时间都很宝贵，他们往往不会浪费时间看完一篇无意义的小故事，即使它再有趣，他们也不会产生购买的欲望。因此，内容要突出重点，体现客户的需求。

3.2.4 腾讯云产业+：数字化品牌展厅

To B 业务面向企业客户，大多单价较高、交易过程较复杂、服务周期较长，而且需要和专职团队对接，服务既要专业，又要长期稳定。所以，To B 企业营销需要向客户展示更高的信任度与可靠性。

鉴于此，线上数字化品牌展厅就是一个不错的选择。随着互联网的发展，即使没有展会，企业也可以通过微信公众号等窗口展示企业形象，让销售人员与客户一对一沟通。

例如，腾讯云就把相关的活动信息以及大客户的成功案例和访谈节目，整合到了"腾讯产业+"小程序中。客户可以通过这些内容全方位了解腾讯云，如图 3-2 所示。

在"腾讯云"公众号的"产业+"分类中整合了企业实力、标杆案例、价值观、专家简介等信息，大多以图文内容的形式展现，相当于一个电子版的"品牌手册"。这个手册不仅不会被客户随手扔掉，还能随时更新信息，甚至提醒客户查看。

第 3 章 内容设计：优质内容是打动用户的前提

图 3-2 腾讯云产业+：数字化品牌展厅

3.3 短视频内容呈现思路

随着抖音、快手等短视频平台的火爆，短视频成为当下一种热门的营销方式。短视频内容的表现力比图文内容更强，也更容易引起客户的兴趣。但一般短视频时长较短，所以对内容策划与设计也有比较高的要求。

3.3.1 内容表现形式

随着短视频的兴起，很多企业已经不再满足于静态宣传了。为了迎合市场泛娱乐化的趋势，并且吸引年轻人的注意，企业短视频的内容也不再呆板无趣、千篇一律，而是有了许多表现形式。

1. 故事型

故事型短视频常用来表达产品与观众的关系，可以使观众产生共鸣。这种形式的短视频重在引起观众的情感共鸣，具有亲和力，有利于与客户拉近距离，因此近些年来被广泛运用，且关注度很高。

2. 录片说明型

录片说明型短视频的画面一般气势恢宏，主要展现企业的发展历程或产品生产流程等内容，以此来展现企业的形象和实力。但这种形式的短视频内容制作起来较复杂，需要使用无人机等专业设备。

3. 家+体验型

家+体验型的短视频主要是通过业内专家或普通客户来展现产品的用途和好处，以营造一种产品有口皆碑的宣传效果。这种表现形式的针对性强，多用于说服已有意向的潜在客户。

4. 幽默型

幽默型短视频多使用幽默风趣的语言或情节，含蓄地传递企业价值观或产品优势，使客户在轻松愉快的氛围中对企业或产品产生好感。因其娱乐性极强，所以可能会被广泛传播或引起热议，幽默型短视频对创意的要求极高。

5. 明星代言型

明星代言型短视频主要是让知名人士来推荐产品，利用他们的号召力来影响客户的态度，刺激客户的购买欲。

6. 特效型

特效型短视频主要是利用音响、画面、镜头等的特殊效果，营造气氛，在视觉方面对客户产生刺激，给其留下难忘的印象。这种形式非常适合一些运用新技术的互联网公司使用，可以体现其强大的技术实力。

3.3.2　情节具有故事性

为了增加短视频内容的可看性，营销团队可以将短视频故事化，通过故事引起客户的共鸣，从而增加点击率。有一些音乐类 App 中有很多音乐电台，电台的主播不是单纯地播放音乐，而是以音乐和故事相结合的方式让听众了解这些音乐背后的故事。在听众当中有很多人和故事中的人物有着类似的经历，这就让他们愿意成为某个电台主播的忠实粉丝，从而愿意留在该平台。

有的短视频的故事结构过于简单，无法刺激观众的兴奋点。这就使得短视频的耐看性大大降低，从而无法让短视频获得很高的关注度。

面对这样的问题，该如何解决呢？可以从短视频的故事结构入手，以小见大，细化某一个案例。这样不仅可以增加整个内容的信息量，还能使短视频的耐看程度大大提升。

直接介绍企业的业务和产品，并且罗列一些案例，是企业短视频常见的内容形式。例如，一家做营销服务的 To B 企业在短视频内容中通常先介绍企业服务内容，再介绍合作过的客户以及案例。

这样的故事结构中规中矩，但是不够吸引人。对此，营销团队可以选择某一个典型客户的案例，从问题到场景，再到具体的解决方案对其进行详述。例如先说明这家企业经营中出现了什么问题，然后说明该企业的需求，最后说明 To B 企业的产品如何帮助该企业改善了现状。

这样就使得短视频多了许多"干货"，即实用的解决方案，而不是从头到尾都在纸上谈兵。这种故事也更容易引起客户的共鸣，让他们联想到自己企业的问题。

3.3.3 在内容中体现情感

很多人认为，B2B 业务是完全理性的。其实，这种观点忽略了"人"的作用，即 B2B 业务也会有关键决策人。所以在 B2B 营销中，打情感牌同样有效。

GE Healthcare 推出 Cytell 智能显微镜系统时，没有大肆宣传其产品的技术参数及指标，而是通过 GE Reports 博客讲述了一个温馨的发生在一对父女之间的故事。

这个故事的内容是：Cytell 的发明人 Sarkis 把女儿在生物课上观察过的蜜蜂的足放在 Cytell 智能显微镜下，拍出来的照片让女儿惊叹不已。她说："爸爸，你能给我一个 Cytell 吗？"

不是每个 B2B 客户都了解技术，但他们一定都有一些温馨回忆。所以，用产品的文化和价值观唤醒客户的情感共鸣，就能从情感上打动 B2B 客户。

为此，营销团队要学会站在客户的立场设计内容。

首先，营销团队要研究客户的诉求，了解他们的痛点。基于这一点，营销团队要多看、多悟、多回答，琢磨客户为什么会问这样的问题，思考这背后的逻辑到底是什么，以及他们有哪些痛点需要解决。

营销团队要多关注行业报道，多和销售人员以及售后人员沟通，了解他们服务客户时出现的问题，然后进行分析、总结、归纳，找到问题根源。从而根据问题，进一步设计内容、优化内容。

其次，在视频细节上超出客户的期待。一般来说，可以从两个方面入手让客户感觉内容超出期待：一是细节，二是惊喜。

例如，客户只是向企业了解其做过哪些业务，但 To B 企业的营销视频中还体现了解决办法和专业建议，这可以有效增加客户对 To B 企业的好感，从而提升其合作的意愿。

3.3.4 结合热点话题

热点事件总是更容易吸引众人的目光，营销团队想要增加短视频的曝光度，就可以选择那些大众参与性强的热点事件作为内容。这样可以提高短视频的话题性，使企业品牌快速走入公众视野。

2020 年，新型冠状病毒肺炎疫情期间，为了响应"停课不停学"的号召，全国的大、中、小学开始上网课。钉钉作为教育部公布的首批教育移动互联网应用程序，自然成了学校上网课的首选工具。数据显示，钉钉在疫情防控期间的累计下载量超过 10 亿次，一度超过微信。

但是学生们却不高兴，因为他们本以为可以延长假期，没想到却要用钉钉上网课，于是学生们拿起手机开始反击。一时间，在苹果、安卓等应用商店，钉钉被一星差评淹没了。

除此之外，在 B 站等视频网站上出现了大量吐槽钉钉的视频，虽然这其中有一些是学生们在发牢骚，但也暴露了钉钉服务器卡顿等问题。

面对来势汹汹的差评，钉钉没有站在道德的制高点上正式回应，而是在微

第3章 内容设计：优质内容是打动用户的前提

博上发了一张表情包图，用调侃的语气说"我知道，你们只是不爱上课"。这句话也是在向不明真相的网友们解释：不是自家产品不好，而是学生调皮。钉钉还通过阿里巴巴旗下的新媒体账号助推话题的传播，既澄清了差评的真相，又用"卖萌"的语气塑造了人格化的品牌形象，提升了用户好感。

在一轮扩散后，舆论已经不像之前那么激烈了，而是向娱乐化的方向发展。钉钉选择趁热打铁，借助这次事件的热点，在两天后发出了第二次"求饶"视频，将话题推向了高潮，如图3-3所示。

图3-3 钉钉"求饶"视频

这段视频用"鬼畜"歌曲的方式，表达了对学生们的服软，也借此阐述了自身的难处。视频发出后就得到了广泛的关注，钉钉这样放低姿态不仅满足了广大青少年群体的虚荣心，还让他们从视频中找到了文化认同感。自此，不仅钉钉的评分开始回暖，而且随之而来的媒体报道还为钉钉带来了正面传播。

钉钉的这一次营销是非常成功的，既逆转了差评的劣势，又利用热点让品牌形象深入人心。

3.4 直播全流程把控

直播是近年来广受欢迎的内容呈现方式,通过直播带货,各种品牌可谓既增长了销量,又得到了关注。那么 To B 企业如何做直播呢?

3.4.1 直播不以带货为目的

To C 企业做直播一般都以带货为目的,借助明星或主播引流,增加销售量。但 To B 企业的成交过程较复杂,所以带货并不是其直播的主要目的。To B 企业应把直播当作一个沟通渠道,一种品宣方式。

2020 年 4 月,某主播参与凯迪拉克的新车推广直播,直播的主要内容是宣传凯迪拉克 CT4,但是最终以 0 成交告终。其实,卖车和 To B 企业卖产品有异曲同工之处,它们都拥有决策人多、流程复杂、金额高等特征。

可见 To B 企业并不适合直播带货,而应该把直播打造成一个品牌推广的阵地。对于 To B 企业来说,直播这个赛道不是百米冲刺,而是一场漫长的马拉松。就像每个网红主播的成名之路都不轻松一样,想通过直播打响品牌,也需要持久蓄力,厚积薄发。

瑞士一家农化公司,在疫情之前就搭建好了直播平台,充分的准备让它应对疫情更加得心应手,并且提早享受了完善的 B 端直播平台带来的红利。该公司从 2020 年 2 月开始已经连续开播 160 多场,影响了 170 万人次。该公司之所以能进行这样高频次的直播,是因为它有一个长期为农业客户服务的栏目——直播技术讲堂。这个栏目给直播的成功奠定了深厚的基础。

可见,To B 企业直播不应只关注成交数据,还要关注直播带来的影响力和关注度,大范围的市场教育才是 To B 企业直播的真正目的。

3.4.2 直播前积蓄流量

和 To C 企业直播内容泛娱乐化不同,To B 企业的直播内容需要更"功利",即满足客户的需求。

以一家做企业营销服务的 To B 企业为例,它做直播的主要目的是宣传

第3章 内容设计：优质内容是打动用户的前提

自己的服务，证明自己能为更多企业解决营销问题。所以这家企业每个月都举办一场"爆款运营案例复盘"直播活动，通过讲述成功案例，吸引客户观看直播。

为了吸引更多客户观看直播，这家企业在朋友圈、公众号等渠道开展预热活动，如1元解锁、做任务、群裂变等。通过营造实惠的氛围，吸引更多客户关注。除此之外，该企业还根据客户的购买意向度，给客户分层并打上标签，向高意向客户私聊发送直播活动邀请，以提升后期的转化率。

1. 1元解锁

1元解锁指的是支付1元即可观看直播（筛选高意向客户）。To B企业的客户是否观看直播取决于其对内容是否有刚需，所以直播预热要注重对"干货"的透露，利用一些有价值的内容或一些热点问题来引流。

2. 做任务

做任务指的是客户转发直播预热的活动链接给几个好友，就可以领取奖品。为了吸引到更加精准的客户，奖品可以设置为行业书籍等非常垂直的产品，因为愿意花时间领取行业书籍的人很可能是从事该行业的人。

3. 群裂变

To B企业可以用企业微信群来做裂变，企业微信自带背书，且企业微信自带的用户去重、广告自动踢人、自动发送欢迎语等功能，可以有效管理意向客户。这个方法是为了把意向客户留存群里，而不是让他们直接去直播间预约。直播小程序的服务通知打开率太低，用户预约之后可能就忘了，在群里提醒意向客户准时观看直播显然更容易引起他们的注意，而且这个群还可以成为私域流量池，用于二次追销。

很多To B企业做直播时常会面临启动期流量不够的问题，这就需要营销团队积极宣传。除了开展一些小活动，To B企业还可以让非竞争关系的行业上下游企业帮忙宣传，以提高直播活动的关注度。

3.4.3　直播中裂变转化

对于客单价较高的产品，客户一般不会当场做出决策购买，而且 To B 企业的产品的使用者和付费者大概率不是同一个人。

那么如何促进直播过程中的转化呢？营销团队可以在直播间上架一个 99 元的定金链接，并承诺一周之内补齐尾款可以享受直播间的专属优惠（诱惑客户付费），如果后面不成交，可以无条件退定金（消除客户顾虑）。

虽然 To B 企业的业务决策多依赖于团体，但大家肯定更喜欢购买物美价廉的产品。对此，营销团队可以在直播间抽奖，每隔 10～15 分钟抽取一次，而且客户留存一定时间才有资格参与抽奖，以此来延长客户观看直播的时间。营销团队还可以限制参加抽奖的客户，例如转发宣传广告才能参加抽奖等，以此让客户主动宣传。

负责直播的营销人员还要及时在直播间播报中奖信息，以炒热气氛，刺激更多人参加活动。例如，营销人员可以说："恭喜××用户获得了 1 年 VIP，没中奖的观众也不用灰心，只要点击链接支付 99 元定金，即可获得专属优惠。"

心理学中有一个"自我暗示"效应，该效应在直播中具体表现为：当观众看到直播间有那么多人付定金时，就会产生一种我也要付定金的欲望。如果企业设定了优惠限额的规则，就可以缩短客户思考的时间。例如，限制前 100 位付定金的客户享受优惠。一旦有客户付定金，营销人员就在身后的白板上写上客户的名字，以此来营造紧迫感，从而让客户产生一种"机不可失，时不再来"的感觉。

3.4.4　直播后引流到私域流量池

直播结束后的工作才是重中之重。营销团队应该趁着直播的热度，把吸引来的客户导入私域流量池，再进行维护，以寻求合作的机会。

营销团队可以利用开播前引流的社群，在群里发起定金接龙，让没有观看直播的人知道优惠信息，同时激发客户的从众心理使更多客户参与接龙。

营销团队还要及时催促付了定金的客户付全款，把这些成交信息做成喜报发布到各个群里，制造销量火爆的氛围，激发更多客户付全款。

如果客户没有时间全程观看直播或者没有时间一直盯着微信群的消息，那么营销团队可以在群里发布文字稿，帮助客户总结直播信息。因为B端客户很少会短、平、快地决策，他们往往需要大量的信息做支撑。而且B2B业务的决策者一般都是精英人群，他们的理解能力和整合能力都很强，然而时间比较少，所以更倾向文字载体。

发完直播总结后，营销人员要记得马上结束优惠活动，兑现限时优惠的承诺，让下一次的直播活动更有价值。

3.4.5 直播成为工业品B2B企业标配

2020年4月，锤子科技创始人罗永浩的抖音直播带货首秀就获得了3小时成交1.1亿元的好成绩。直播领域如此火爆，各大企业也纷纷吹响了进军直播领域的号角。

芯片超人CEO姜蕾直言："现在直播已经成为公司重要的销售手段。"作为电子供应链服务商，芯片超人也一直在探索工业品B2B营销的新模式，希望能通过直播扩大企业的客户规模。

齐心集团开展了经销商专场的春季大促直播。齐心集团主营文管用品、消杀产品、纸品本册等产品，但它的这次直播不是面向C端消费者，而是面向B端客户，为各地经销商推介齐心品牌当季产品。

国联股份多多电商开启工业品/原材料直播季，4场直播总体订单超过3.89亿元，观众达10.6万人次。国联股份负责人表示："To B领域也在进行内容营销的升级，直播就是一个很好的渠道。"

受新冠肺炎疫情的影响，工业产品线下销售受到重创，而作为当下最火热的销售方式，直播显然为工业品销售拓宽了思路。加之工业品相对标准化，使得各路经销商也能接受这一销售模式的改变。

3.4.6 石墨办公：品牌发布会揭秘企业成长史

曾几何时，互联网行业是最为火热的行业，无数搭乘时代列车的创业者都或多或少地尝到了甜头。但随着互联网红利期退潮，C端市场受新冠肺炎疫情影响增速大幅下降，因此大众将目光投向了B端市场。企业作为较为稳定的客源受到了众人的追捧，企业客户的价值开始凸显，To B办公也因此成为"众兵家"的必争之地。

在To B办公领域中，越来越多的Saas产品崭露头角。例如WPS领跑全场，腾讯文档有品牌背书，飞书是后起之秀。随着协同办公软件技术不断升级，客户企业的数字化转型成本也会随之降低。很多客户企业对购买拥有优质服务的协同办公软件并不吝啬成本，有很高的付费倾向。因为一款优秀的协同办公软件能够大大减少客户企业的沟通成本，使其拥有更高的办公效率。

在这样的情况下，石墨文档发出了自己的声音。

2021年12月1日，石墨文档召开了名为"一座兼容传统与创新的数字化之桥"的品牌发布会，在会上正式发布面向B端的协同办公软件——石墨办公。下面将从两方面阐述这座数字化之桥如何兼容传统与创新，如何打破协同办公软件行业的竞争壁垒。

1. 云Office

Office还是WPS？在一些大企业，每年因办公软件产生的成本损耗高达千万元，很多员工因为交接双方的文件格式不同而伤脑筋。此时便产生了痛点：有没有一款软件能够支持两种文件格式？石墨办公打破二者的壁垒，推出云Office三件套来深度兼容以上两大主流文件格式，很大程度上解决了交流双方文件格式不同的问题，降低沟通成本。

石墨办公着眼于巩固自身特色，即其核心的"协同"观念。其中最有代表性的，莫过于石墨应用表格。其从项目阶段、负责人等不同视角来生成不同的视图，从不同的维度来观测项目进度。此举打破了传统表格类产品的单一观测视角，可以节省大量时间。

2. 数据安全

受新冠肺炎疫情影响，线上办公成为众多企业的选择，即时通讯、视频会议、文档协作也因此成为B端协同办公软件的开发方向。无论企业规模大小，开会沟通都是个刚需，因此大多企业都愿意采购兼具上述功能的软件。

数据安全也因此成为众多企业对办公软件的要求之一。尽管大部分办公软件都有数据安全方面的措施，但石墨办公通过严苛标准打磨出来的文档安全服务算得上是行业内的领头羊，其独有的内容保护机制，让企业使用得更安全、更放心。

在发布会中，石墨还透露了未来会在安全方面持续更新，将推出全新风控引擎确保用户数据安全，这也表明了石墨确保数据安全的决心。

很多个人用户即便下班回家后仍有办公需求，而家庭电脑没有下载WPS或者Office，也并不是每个人都会因此去购买正版软件。这正是传统C端办公软件面临的困境：个人用户的购买欲望相对不高且不稳定。B端逐渐成为企业主要的盈利渠道，成为办公软件领域中心企业需要着重把握的渠道。

石墨文档通过此次发布会大放异彩，让更多企业看到了其闪光点，这也正是发布会营销所带来的积极影响。我们不难想象，以先进技术与品牌作为背书的石墨，将逐渐成为协同办公领域的佼佼者，不断推陈出新，提供更多优质服务，以此来吸引更多企业开展合作，实现创新—产品—客户的良性循环。

石墨文档自2014年成立至今已荣获了多个奖项，2019年荣获"最受欢迎的在线协作文档"第1名，2020年被评选为"有突出成绩与业务增长显著的To B企业"。石墨文档依托于中国市场，在与中国企业深度合作中已服务了超过7500万名用户、85万家企业。可以说，石墨在协同办公软件的中国市场中闯出了一片天，提供了更适合中国企业使用的办公软件。

3.5 To B线下活动策划攻略

与线上营销活动相比，线下活动更有体验感、真实感。对于以线下成交为主的To B业务来说，线下活动是营销必不可少的一部分。

3.5.1 创建客户体验场景

人与人的关系是建立在工作、学习、购物、娱乐、聚会等各种场景之上的，而线下活动最大的优势就是构建场景纽带。一个经过精心设计的线下活动，可以极大拉近品牌与客户的距离。例如，各大品牌的新品发布会会邀请行业各界人士参加，制造一些话题，做一些独特的设计。这不仅可以扩大品牌的影响力，还能拉近品牌与客户的距离。

那么，是不是有了场景，线下活动就一定能取得成功呢？答案是否定的。如果线下活动缺少连续性，即便场景设计得再好也于事无补。因为随着时间的流逝，客户对品牌的印象会逐渐减弱。一个单一的场景很难支撑线下活动持续地开展下去，因此在场景设计方面，一定要注重连续性。

此外，如果场景一成不变，很容易让参与活动的客户产生审美疲劳，因此在线下进行营销活动时，也要注重场景的多样性。那么，怎样才能实现线下活动场景的增加呢？企业可以从以下几个方面着手，如图3-4所示。

图3-4 增加线下活动场景的3个要点

1. 围绕基础核心增加场景

在增加场景的时候，企业必须要围绕着基础核心。以一个创业类社群为例，最初的线下场景应该是创业时遇到的种种困难。这种场景可以由创业大咖创建，让他们分享自己创业过程中的困难。在此之后的场景就应该是克服困难的经历，只有这样才可以形成延续性场景。如果直接让嘉宾在活动中讲述公司上市的过程，为成员打造一个创业成功的场景，那么即便符合社群定位，也会因为跳跃性太大，而达不到理想的效果。

2. 让客户决定场景的增加

是不是要增加场景？增加什么样的场景？这些都应该由客户来决定。如果一次活动的场景，没有受到客户的欢迎，那么下次活动就不要再设计或增加这样的场景。同样的，如果大多数客户都在讨论某一个场景，那就说明客户喜欢这个场景，下次活动就应该将其增加进去。

3. 注重可体验场景的增加

增加可体验场景的主要目的是让客户与客户、客户与品牌之间产生联系，而不是使活动成为一场无聊的报告会。例如，营销人员可以在活动中设置互动环节，如多人游戏、趣味问答等。这样一来，无论客户与客户之间，还是客户与品牌之间，都可以更加熟悉。

企业要从上述 3 方面着手，避免活动场景单一，最大限度地激发线下活动的场景优势，使其发挥最大的作用。

3.5.2 人员配置：分工明确、专业化

要想打造一场高质量的线下活动，企业就必须明确线下活动团队的基本配置，即分工。完善的人员配置是一场活动正常举办和顺利完成的保证。

一个没有分工的工作团队，团队中的成员对自己的职责不明确，那么他们可能会看到工作就做，也可能因为没有明确工作任务而什么都不做。无论是哪一种情况，都会对工作效率和工作质量产生严重影响。所以，在线下活动举办之前，就应该明确团队成员的分工。

某企业举办了一次非常成功的线下活动。在举办这次线下活动之前，活动负责人就已经为团队制订了明确的分工计划。他将团队成员分成几类（如图 3-5 所示），然后让他们分别负责不同的工作。

图 3-5　线下活动中的工作人员类型

（1）活动经理的主要工作是把控全场，保证活动的正常进行。

（2）活动助理的主要工作有以下几项：协助活动经理的工作；活动前对现场所需的物品进行验收确认；对各项工作中所出现的各种问题进行及时协调

解决；检查活动开始前的各项准备工作；活动进行中，对各环节相关问题进行协调，保证活动的顺畅进行。

（3）现场布置人员的主要工作有以下几项：场景布置安排，包括现场桌椅的摆放；活动进行中对各种设施进行有效协调；随时与活动经理保持联系等。

（4）礼仪人员的主要工作有以下几项：负责演艺人员的接待和安排；调配好迎宾、签到、引领、协助等流程；保证活动环节的紧凑衔接以及全场活动的顺利进行；随时与活动经理保持联系。

（5）道具人员的主要工作有以下几项：负责当天活动所需用品和道具；在活动开始前对活动中所用的所有相关用品和道具进行准备及确认；活动进行中，提供各环节所需道具及用品；随时与活动经理保持联系。

（6）安保人员的主要工作有以下几项：负责活动现场的安保工作；协调停车场内停车位置、人员及车辆；随时与活动经理保持联系。

（7）音响师的主要工作有以下几项：在活动前，负责现场音响及电磁幕的安装调试，对各环节所用 U 盘进行检查；现场活动中，满足各个环节对音响、电磁幕的要求，配合全场活动的顺利进行，随时与活动经理保持联系。

（8）主持人员的主要工作有以下几项：负责主持人的对接与协调；活动前确保主持人全面了解串词稿；活动中有效把握主持人的讲话节奏，把活动中的变动和调整传达给主持人；随时与活动经理保持联系。

3.5.3 邀请重量级嘉宾

无论是线上活动，还是线下活动，都少不了大咖嘉宾的暖场。不过，大咖嘉宾一般没有过多的时间参与活动。在这种情况下，要想成功地邀请到他们，企业就必须掌握以下 3 点技巧，如图 3-6 所示。

图 3-6　邀请大咖嘉宾参加活动的技巧

1. 使用恰当的措辞

要想让大咖嘉宾参加线下活动，企业在邀请他们的时候一定要注意措辞。其实这一点比较容易理解，因为在请人办事的时候，必须要用谦敬、诚恳的语气，如果颐指气使，谁都不会心甘情愿地受邀，邀请大咖嘉宾参加线下活动也是同样的道理。另外，我国自古以来就是礼仪之邦，谦敬、诚恳的语气不仅可以体现出自身的涵养，还可以让大咖嘉宾感受到企业十足的诚意。

2. 邀请内容要全面

在邀请大咖嘉宾的时候，企业一定要保证内容的全面性。也就是说，必须把活动的主题、时间、地点清晰地呈现在邀请函上。另外，如果还涉及其他方面的问题，如专车接送、活动期间的食宿安排等，也要在邀请函中一一注明。

实际上，大咖嘉宾是否会接受邀请，与活动主题有着千丝万缕的联系。如果活动主题与大咖嘉宾的专业和长项高度契合，自然会吸引大咖嘉宾，促使他们接受邀请。而对于专车接送、食宿安排等方面，如果企业已经做了妥善安排，那么要提前告知大咖嘉宾，避免他们自己进行二次准备，造成资源的浪费。

3. 注重邀请函的格式

一般情况下，邀请函都有一定的格式要求。所以，在制作邀请函的时候，企业必须要做足功课。首先，要浏览大量的模板；然后，从中选出最适合的一个；最后，把活动的主题、地点、时间等详细信息展现在上面。另外，邀请函的寄送时间也是一个需要注意的重点。为了让大咖嘉宾有时间做好充分的准备，邀请函应该在活动前半个月发出。

当然，如果想让邀请函更加有吸引力，企业还可以在邀请函中展示大咖嘉宾参与活动的益处，例如，可以和优秀的同行业人士进行深度交流，可以扩大自身影响力，可以收获一些新的粉丝等。

除了上述3点，企业还应该提前确定好活动嘉宾。例如，如果活动需要两名大咖嘉宾，那么就要提前接触多于两名的大咖嘉宾。该做法的主要目的是：当确定好的大咖嘉宾无法正常出席时，还可以有紧急救场的备选大咖嘉宾。

3.5.4 寻找最佳活动场地

在组织线下活动的过程中,寻找场地无疑是最令营销团队头疼的一件事情,因为要考虑的方面实在太多。从目前的情况来看,很多企业都倾向于将这份工作交给专业的场地资源租赁服务公司来做,这种做法是比较合适的。

如果通过场地资源租赁服务公司来获得场地,那么营销团队只需要明确活动的主题、内容、时间、场地规模等重要信息就可以,剩下的工作则由场地资源租赁服务公司一手包办。这样的话,可以节省很多寻找场地的时间。

当然,如果营销团队不想采用上述方式,也可以让自己的团队成员去寻找场地,但这需要消耗大量的时间、精力、人力。另外,在团队成员着手寻找场地之前,必须让他们了解活动的时间、地点、规模,以便有针对性地寻找场地,在最大程度上保证场地的合理性。

为了保证场地的科学性和合理性,营销团队应该充分考虑以下5大要素,如图3-7所示。

图3-7 选择线下场地需要考虑的5大要素

1. 价位

场地价位是最为重要的一个要素,企业必须要优先考虑。场地有各种各样的级别,级别不同,价位肯定也不相同。在选择的时候,企业一定要考虑到活动的预算。

2. 印象

场地印象是第二个应该考虑的要素。这里所说的场地印象,指的是对场地外观的评判。例如,有些场地看起来比较温馨、素雅,而有些场地看起来则非常高端、奢华。企业要根据活动的风格选择场地,只要场地印象与活动风格相契合就不会出现太大的差错。

3. 位置

场地位置是第三个应该考虑的要素,这一要素会直接影响参与活动的人数。一般情况下,如果场地位置偏远、交通不便,参与人数就会比较少;相反的,如果场地位置佳、交通便利,参与人数就会相应增多。所以,营销团队最好选择一个交通便利、位置居中的场地。

4. 规模

场地规模是第四个应该考虑的要素,这是根据参与活动的人数来决定的。如果场地规模过大,必定会造成浪费;如果场地规模过小,又会造成拥挤。因此营销团队应该先确定好参与活动的人数,然后根据人数选择一个合适的场地。

5. 设备

场地设备是最后一个应该考虑的要素,设备需要根据场地的大小来决定。如果场地非常大,设备数量就应该相应增多,设备质量也应该有所提高。以音响设备为例,如果质量不好,那么参与活动的客户根本听不清嘉宾的讲话,这会使活动效果大打折扣。

3.5.5 总结经验,复制活动

活动并不是举办一次就可以,通常情况下,有些活动会在多个城市举办,而有些活动会每一年都举办。为了节省时间和成本,营销团队要学会总结经验,复制活动,从而在第二次、第三次举办活动时更得心应手。

要想总结出有价值的活动经验,营销团队就必须要做好活动反馈工作,例如,让参加活动的客户填写"线下活动反馈表",了解他们对活动的意见和建议。那些大型线下活动更要认真完成此项工作,而且在收集反馈信息的时候,还应该更加注重全面性和精准度。

应该通过什么样的渠道获取反馈信息?最简单也是最方便的方法就是使用问卷星这类专业工具。除此以外,微信群、QQ群、微博等社交网络平台,也可以作为获取反馈信息的渠道。

在这些工具和平台的助力下，营销团队可以得到非常多的反馈信息，并从中总结出活动中存在的问题和不足。完成此项工作以后，营销团队就可以着手进行活动经验的总结。有了活动经验总结，也就意味着以后的线下活动有了一个清晰的框架，例如，怎样做才可以取得实质效果，应该注意哪些问题，如何才能让参与活动的成员更加满意等。

营销团队可以从总结的4大特点着手，进行活动经验的总结，如图3-8所示。

图3-8　总结的突出特点

1. 个性化

一般情况下，活动负责人和活动中的工作人员都全程参与了活动，他们可以非常清楚地知道活动过程中的问题和不足，也可以从"我"的角度对活动进行分析。所以，他们是撰写活动经验总结的最佳人选。

2. 回顾性

从某种意义上讲，活动经验总结其实是一份总结性文案。总结性文案注重的是对过去的回顾总结，以及对未来的规划和展望。而这两部分内容恰恰是活动经验总结中最重要的。所以，在一份活动经验总结中，除了回顾过去的活动，还要对未来活动进行设想。

3. 客观性

在回顾过去的活动时，必须要保证情况的真实性和评价的客观性。另外，还要将活动的优势和不足一一列举出来。需要注意的是，对于任何一项内容，都不可以胡编乱造，也不可以美化事实，否则就不能保证活动经验的准确性，也不会对下次活动产生有利影响。

4. 指导性

顾名思义，指导性指的是活动经验总结要对以后的活动起到指导作用。众所周知，举办线下活动是为了企业的不断进步和长远发展，而从过去的活动中总结经验，则可以对以后的活动产生积极影响。在阐述客观事实的同时总结正反两方面经验，对以后的活动开展有很大好处，因此营销团队应该对此高度重视。

活动经验总结不仅是活动执行效果的反馈，还是对未来活动的指引。所以，一份完美的活动经验总结，完全可以成为下次活动的模板，这样一来，举办新的线下活动就不再是一件非常困难的事情。所以，学会总结活动经验可以说是复制活动经验的秘密武器。

3.5.6　36氪：To B 下午茶

To B 下午茶是 36 氪旗下的数字时氪推出的线下沙龙活动。这个活动每期都会邀请 To B 企业的负责人、数字化产业的从业者、投资分析师等行业代表，分析数字化转型趋势，分享、解读相关案例，共同探讨中国数字化发展的趋势。

2021 年 11 月，36 氪和 Google DevFest 在上海联合举办了"数字低碳进行时"主题活动，该活动是 To B 下午茶的第二期。

此次活动基于双碳政策背景，探讨了钢铁能源企业如何在节能的同时，实现增产增收。嘉宾包括优也信息科技有限公司首席执行官李克斌、水木清碳 CEO 郭睿、极熵科技创始人孙东来等业界专家和学者。

该活动采用"观点分享"和"圆桌讨论"两种交流方式，相关领域的从业者也可报名参加，为企业之间交流提供了一个非常好的平台。

第 4 章

营销策略：B 端企业营销的关键技巧

除了做好内容，To B 企业还要学会运用营销策略，如视觉赋能、搜索优化、多渠道投放、对话客户等，提升传播效率，获得精准流量。

4.1 视觉赋能

在如今这个信息爆炸的时代，比起大段的文字口号，直观的视觉画面更能给客户留下深刻的印象。例如，在观看恐怖片时，对于那些成段的台词和背景介绍，很可能在电影结束时观众就忘记了，然而那些恐怖的画面却能一连好几天都清晰地出现在观众的脑海里。

对此，营销团队要学会充分发挥视觉的力量，捕获客户的注意力，从而让认知资源聚集。

4.1.1 用"视觉锤"吸引注意力

视觉锤理论由劳拉·里斯（Laura Ries）提出，她认为，传统的定位理论主要依靠文字的力量在消费者心中占据一席之地，这显然是不足的，品牌要想深刻长久地留在消费者心中，还需要有视觉上的辅助和配合，有时候视觉的作用甚至大于语言的力量。

在当今信息大爆炸的时代，只凭借语言口号，人们是不可能对品牌有深刻印象的。在电影院看电影的人，可能会根据电影情节跌宕起伏而大笑、大哭，情绪激烈；而那些读书的人，却很少有明显的情绪外露。这是因为人的左右两半大脑分工不同。左脑是语言思考区域，是线性的、理性的；右脑是意象思考区域，思维方式是图像性、感性的。To B 企业的营销团队如果想将品牌钉入客户的心灵，最好的手段不是通过文字，而是通过视觉锤，制造情感上的波动和共鸣。

天猫就深谙视觉锤理论，并在长期的实践中获得了良好的成效。人们一看到天猫的图标形象就会联想起天猫品牌，如图 4-1 所示。

图 4-1　天猫 Logo

图片中由黑白两色的大头、大眼睛、小身子组成的天猫标志,在深色的背景下十分醒目,而且形象特殊、有辨识度,让人能够迅速地识别记忆。

在设计一个品牌标志之前,营销团队首先要确定品牌要传递的核心内容,将其作为一个文字概念表达出来,设定为将要钉入客户心中的语言钉。而这个文字概念应当是可视觉化的。然后在此基础上建立视觉锤,与语言钉结合起来,让品牌概念深入人心。

4.1.2 开发"视觉锤"的 7 种方法

视觉锤可以帮助品牌在客户心中建立生动、形象、深刻的认知,品牌开发"视觉锤"有 7 种常用方法,即形状、颜色、产品、包装、动态、创始人、符号。

1. 形状(Shape)

TARGET 是一个很有名的零售品牌,类似于沃尔玛,但不同于沃尔玛的大众化定位,TARGET 的定位更加时尚。其主张无论是在线上,还是线下,客户都能从数千种商品中做出选择,主打目标概念。TARGET 的中文释义为"目标",它的品牌标志是一个靶心,如图 4-2 所示。TARGET 把这个标志运用在店铺设计、包装袋以及吉祥物上,反复向客户强化"目标"这一概念,使客户在看到与靶心类似的形状时就会不自觉联想到 TARGET。

图 4-2　TARGET 品牌标志

2. 颜色(Color)

颜色也能起到推广品牌的作用。例如,麦当劳显眼的黄色"M"标志已经深入人心,如图 4-3 所示。快餐店一般都开在店铺林立的繁华街区,能够让人们在众多标志中一眼认出很重要，因此就要提高品牌标志的辨识度。比起使用多种颜色，麦当劳这种单一的像警告标语一样的明黄色显然非常有辨识度。这种方法就是用颜色在客户心中建立品牌视觉锤，而且品牌一旦有了一个独特的视觉锤，很容易继续延伸广告内容，也更容易让客户记住。

图 4-3　麦当劳店铺标志

3. 产品（Product）

有时候产品本身就是视觉锤。例如，劳力士拥有超高辨识度的表带，这就是它独一无二的视觉锤，如图 4-4 所示。尽管有很多品牌都在模仿劳力士的表带，但劳力士的表带是第一个出现在客户视野中的，早已占据了他们的心智。

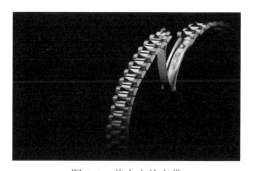

图 4-4　劳力士的表带

4. 包装（Package）

有时候产品换一个包装就能在同类产品中脱颖而出。例如，伏特加为产品设计了一款新瓶子，如图 4-5 所示。再加上比主导市场的其他品牌产品定价高出 65%，这样就创造了一个新品类。该新品类成了伏特加酒的第二品牌——绝对伏特加，成功赢得了全球客户的喜爱。

图 4-5　绝对伏特加的包装设计

5. 动态（Action）

随着短视频、互联网的兴起，动态效果逐渐取代平面画面走进人们的视野，动态也能让产品更有生命力。

多芬主打其香皂中含有 1/4 乳液，于是在广告中设计了一个把 1/4 乳液倒入香皂中的动态画面，如图 4-6 所示。虽然这不是多芬香皂的实际制作流程，但却成功地把多芬香皂含有 1/4 乳液这个信息传达给了客户。

图 4-6　多芬 1/4 乳液广告片段

6. 创始人（Founder）

许多人都有"名人崇拜"情结，媒体和大众也对名人的故事更感兴趣，并给予其更多的关注。很多品牌的创始人和其品牌一样出名，如苹果的乔布斯、福特汽车的亨利·福特等，创始人的形象塑造，可以让品牌收获双倍的关注。

创始人的公众表现、言谈举止往往能给品牌带来很大的附加价值，一个好的创始人知道该说什么、不该说什么,就像KOL(关键意见领袖)能用寥寥几句话就影响普通客户的决策一样。创始人的某些行为可以拉近品牌与客户的距离,从而为品牌塑造的理念增加真实感。

7. 符号(Symbol)

独一无二的品牌标志是最直观的视觉锤,如耐克的"对勾"、阿迪达斯的"三叶草"、苹果手机的"缺了一口的苹果"等。这些独一无二的Logo让客户一眼就能识别出是哪个品牌。

品牌标志一般是一个特别简单的图案,例如,奔驰和苹果的标志都设计得很简洁,但是凯迪拉克的标志就显得非常复杂了(如图4-7所示),复杂的标志会降低视觉锤的效果,从而无法在客户心中留下深刻的印象。

图4-7　凯迪拉克的品牌标志

4.1.3　建立"视觉锤等式"

视觉锤的主要作用是通过对视觉的刺激,凸显品牌的差异化,与其他品牌形成区分,让品牌能更快地被识别出来。

例如,麦当劳曾对餐厅设计进行过一次升级。为了让屋顶结构显得更加饱满,美国设计师Stanley Meston在麦当劳餐厅的两边分别设计了一道金色拱门,并搭配上霓虹灯,这就是最初的"金色拱门"设计。后来,在1961年,麦当劳又在品牌Logo中加入"金色拱门"的元素,而由"金色拱门"化身成的金色"M"标志也成为麦当劳的代名词。

如今,从店面设计到产品包装,麦当劳一直在向客户强化这个标志,如

图 4-8 所示。麦当劳尝试在客户心中建立"视觉锤等式",即让客户在心中将明黄色"M"与麦当劳画等号,让其在其他任何地方看到这个标志,都能在第一时间想到麦当劳。

图 4-8　麦当劳门店醒目的"M"标志

冰激凌品牌 LODOVNIA 曾打造过一间可移动的冰激凌店,外围的墙壁是由 1000 个白色冰激凌圆筒组合而成(如图 4-9 所示),让人在几米之外就能知道这是一家冰激凌店。

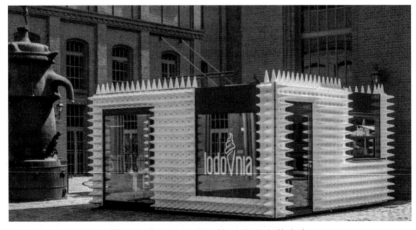

图 4-9　LODOVNIA 的可移动冰激凌店

世界各大知名品牌的标志演变都是在逐渐加强视觉锤的作用,甚至在演变的过程中舍弃了文字。例如耐克在 1995 年更新的 Logo 中放弃了 "NIKE" 字样，只保留了 "对勾"（如图 4-10 所示）；奔驰在 1989 年更新的 Logo 中去掉了 "Mercedes Benz" 字样，只保留了三芒星。这些品牌都是在建立 "视觉锤等式"，将品牌与更简单的图形画等号，尽可能降低客户的记忆负担，以此让客户对品牌形成更深刻的印象，从而更快地识别出品牌。

图 4-10 耐克 Logo 的更新

4.2 搜索营销

搜索营销是一项技术性工作，它包括 SEO（Search Engine Optimization，搜索引擎优化）和 SEM（Search Engine Marketing，搜索引擎营销）。要想做好搜索营销，营销团队需要以理性的营销思维来处理日常工作。因此企业只有在全面理解 SEO、SEM 的基础上建立搜索营销思维后，才能真正开展网站的搜索营销工作，实现高效精准引流。

4.2.1 SEO 增加精准流量

网站在搜索引擎页面上的排名，关乎网站的流量以及精准流量，进而影响网站的转化率以及品牌建设。为了使网站在搜索引擎中的关键词自然排名有所提升，SEO 出现了。SEO 在了解搜索引擎自然排名机制的基础上，对网站内部及外部因素进行调整优化，以便获得更多流量。SEO 影响因素如图 4-11 所示。

```
┌─────────────────────────────────────────────────────┬──────────────┐
│               网站内部因素                            │  网站外部因素  │
├──────────────┬──────────────┬──────────────┬────────┬──────────────┤
│ 网站架构因素  │ 编码和设计因素 │   内容因素    │页面流量│   外部链接    │
│              │              │              │ 因素   │              │
├──────────────┼──────────────┼──────────────┼────────┴──────────────┤
```

图 4-11 SEO 影响因素

（网站架构因素）站点收录概况分析、Robots.txt、转向、首页URL索引、站点地图、内部链接、JavaScript与Cookies、多子域名、URL结构、目录结构、命名规则

（编码和设计因素）HTML文件大小、页面代码混乱、JavaScript，DHTML和Form因素、图像地图、框架、Flash、页面Heading、用户404页面

（内容因素）<TITLE>标签、<META>标签、<H1>标签、链接文本、图片Alt属性、页面内容

下面从必要性、关键点以及效果评估 3 方面具体介绍 SEO 是如何提升门户网站精准流量的。

1. 快速提升精准流量的必要性

（1）SEO 的重要性

电视剧《猎场》中出现了关于 SEO 的表述："SEO 就是优化网络工程师，能让公司在搜索引擎上排名优先，甚至是进入首屏。"总之，SEO 能帮助网站获得更多流量，从而达成网站销售及品牌建设的预期目标。

（2）SEO 的核心竞争力

能够提升网站业务量的因素可被归纳为 4 类黄金关键词：核心业务词、长尾词、地域词和竞品词。SEO 主要做的就是对这 4 类黄金关键词进行调整优化。SEO 的核心竞争力就是掌控关键词排名的导流能力，如图 4-12 所示。

图 4-12 SEO 核心竞争力

（3）SEO 流量成交要素

SEO 流量成交的 5 大要素如图 4-13 所示。

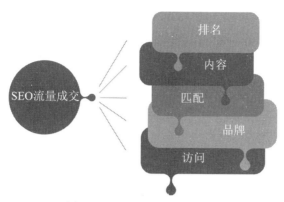

图 4-13　SEO 流量成交要素

①排名。排名越靠前的网站越容易被用户搜索关键词时看到，从而产生点击浏览咨询和订单，即"让有需求的客户找到你"。

②内容。优质内容，就是真正对用户有帮助，用户浏览无障碍，且没有误导性的内容。

③匹配。匹配精准，简单地说，就是让用户在搜索词进入的页面对应 URL（Uniform Resource Locator，统一资源定位器）是匹配的，即"所看即所需"。

④品牌。品牌是一种文化现象，品牌的内涵来源于文化。SEO 对于门户品牌同样适用。

⑤访问。SEO 的主要目的是让线上客户线索可持续增长，但需保证访问速度体验极佳。用户的访问体验越好，如进入网站速度快、不卡顿，用户就越容易访问该网站。

2. 提升门户网站有效流量关键点

（1）门户网站具备的优势

门户网站具备一定的优势，如图 4-14 所示。

完善的网站框架　　丰富的网站内容　　完备的SEO团队　　网站权重基础较好

图 4-14　门户网站的优势

①完善的网站框架。优质的门户网站基本都具备较好的网站框架，便于"蜘蛛"进行网站内容爬取。

②丰富的网站内容。门户网站一般都具备自产优质内容的特性，相关内容不会缺失，且能有规律地更新网站内容。

③完备的 SEO 团队。门户网站都具备一个战斗力极强的 SEO 团队，以供应这个门户网站所需的"血液"。

④网站权重基础较好。一般门户网站权重及网站质量都有一定程度的优势，百度已收录链接及关键词库也较丰富。

（2）SEO—结构

搜索引擎的"蜘蛛"进入到网站后，发现进入了一个拥堵的区域，那么它就不愿意经常来收录网站内容了。而结构为门户网站的根骨，搭建 SEO 结构的意义在于搜索引擎"蜘蛛"可以在站内任意通行，畅通无阻。所以，一个良好的网站结构是运营好网站的第一要素。

（3）SEO—内容

如果在搜索引擎中搜出来的内容都是两年前的，你还会用它吗？搜索引擎需要新鲜的内容，这种新鲜表现为"原创"。SEO 内容的要义在于为网民提供新鲜、丰富的内容，提供网民所需要的内容。所以，一个良好的网站必然要有自己独立的原创内容创作团队。

（4）SEO—权重

网站权重是指搜索引擎给网站（包括网页）赋予一定的权威值，对网站（含网页）权威的评价。SEO 权重的意义在于其他网站对本网站的认可度，同时也是搜索引擎衡量网站好坏的重要指标之一。网站排名采用了综合算法，网站权重只占其中一部分因素，不占据全部。

3. 做好 SEO 效果评估

在建立 SEO 效果评估体系时，通常会通过网站在搜索引擎的收录量、网页在搜索引擎的排名和最终从搜索引擎带来的流量来评估 SEO 效果。SEO 效果评估体系如图 4-15 所示。

第 4 章 营销策略：B 端企业营销的关键技巧

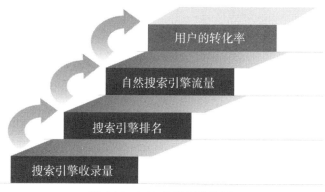

图 4-15　SEO 效果评估体系

步骤一：

网站被搜索引擎收录的页数越多，表示在搜索引擎中有更多的入口能够进入网站，也表示会有更多的机会为网站带来流量。

步骤二：

网站排名越高，表示网站在搜索引擎的入口离用户越近，越容易被用户点击。

步骤三：

从自然搜索引擎带来的流量越多，则有可能获得更多的目标用户。

步骤四：

网站为用户提供更好的体验、规划更好的历程，则会更有效地提升用户转化率。

要想提升 SEO 效果，企业需要做好以下 4 项关键工作，如图 4-16 所示。

图 4-16　提升 SEO 效果的 4 项关键工作

（1）网站基础构架优化：首先，企业要做好基础架构和编码审查；其次，要做好网站的内容部署审查；最后，企业要善于利用站长工具优化网站整体构架。

（2）页面优化：企业要充分分析网络热门关键词，在自己的网站中为其匹配最佳着陆页面，还要考虑页面流量因素的影响。

（3）建立链接：企业要从内部链接与外部链接两个方面进行链接的优化。

（4）跟踪监测：企业可以根据网站的收录量和关键词排名实现对网站流量的监测。

4.2.2 SEM= 竞价 +SEO

SEM 是 SEO 的升级版，SEM 的英文全称是 Search Engine Marketing，中文名为搜索引擎营销。简单来说，SEM 就是根据人们使用搜索引擎平台的习惯，将搜索引擎平台上的特定信息传递给目标用户。

SEM 追求高性价比、小投入和大收益，其目的是让网站出现在搜索引擎靠前的位置，从而增加点击量。为了达成销售目标，设计、策划、咨询等环节的设置都要符合用户习惯，因此 SEM 包含了从用户打开搜索引擎到最后销售成功的全过程。随着 SEM 的高速发展，产生了竞价专员这一新兴职业。

从字面上来看，SEO 的重点在于"优化"，而 SEM 的重点在于"营销"。企业在营销过程中需要考虑如何优化排名使产品更容易被用户发现，并建立竞价机制。SEM 实际上包含 SEO 与竞价，SEM 与 SEO 的关系如图 4-17 所示。

图 4-17　SEM 与 SEO 的关系

虽然进行了简单的概念区分，但是仍然有许多人不了解 SEO 和 SEM 的区别。它们的实现效果比较如表 4-1 所示。

表 4-1　SEM 与 SEO 的实现效果比较

区别	见效快慢	花费资金	可信任度	排名稳定性	时间周期
SEM	快	多	低	高	短
SEO	慢	少	高	低	长

另外，还有很多人分不清 SEM 和网络营销。虽然 SEM 和网络营销都以销售为目的，但是 SEM 只是网络营销的一部分。网络营销的途径并不仅有搜索引擎这一种，比如口碑营销、问答营销、媒体营销、QQ 群营销等，都可以成为网络营销的途径。

4.2.3 SEM 核心优势

某企业为了解决产品销量增长慢的问题，邀请专业人士对企业官网进行搜索优化。该专业人士发现，用户通过搜索关键词进入网站后，网站常常会自动弹出一些不相关的链接。同时，用户进入该网站的速度很慢，一般需要七八秒钟。而且，该网站的页面设计杂乱无章，因此很多用户点开后就直接关闭了网站，或者由于等待页面打开的时间太久而关闭了网站。

根据这些分析结果，专业人士对该网站进行了 SEM 优化，使该网站的登录速度大大加快，同时关闭不相关的链接，重新设计页面。不到一个星期的时间，该网站的搜索排名跃至行业第 3 名，并且花费的成本不及广告宣传的一半，最后该企业的销量节节攀登。

从以上案例中，我们不难发现 SEM 的核心主要有 3 点：高效率完成期望、精准定位客户、相较于其他方法具有高性价比。简单来说就是高效、精准、高性价比。这 3 点核心使 SEM 具有 4 大优势。

1. 效果显著

利用 SEM 搜索引擎营销，企业网站关键词的排名会有所提升，流量增长效果也非常显著。且 SEM 搜索引擎营销见效快，位置可以自己控制。

2. 指导 SEO 关键词策略

SEM 搜索引擎营销可以指导 SEO 关键词策略。SEO 通过收集用户浏览数据和消费习惯，挑选转化率高的词作为选取关键词时的参考。

3. 调整策略

SEM 搜索引擎营销能够精准计算 ROI（投资回报率），呈现具体的花费、点击和转化情况。通过数据分析计算出CPS（按成交付费）和CPA（按行动付费）的指标，有助于企业及时高效地调整相应策略。

4. 提高投放精准度

SEM搜索引擎营销能够大幅度提高营销投放的精准度，在账户后台指定推广的区域投放关键词，锁定更多的潜在用户，减少成本浪费。

当然，SEM搜索引擎营销也存在两个缺点。

1. 无法长期受益

一旦企业停止投入资金，网站排名就会立即下降，导致流量流失。这种结果是搜索引擎本身的规则造成的，搜索引擎将SEM竞价推广广告与自然排名区分得十分明显，而大部分用户不会对竞价广告产生兴趣，也不会点击。一旦停止投入资金，不再优化搜索引擎，企业排名自然就会下降。而排名下降后，用户就更加不愿意浏览，这样不断地恶性循环造成企业排名迅速下滑和流量快速流失。

2. 信任度低

研究表明，大约七成以上的用户点击来自SEO的自然排名，仅有三成的点击来自SEM优化后的点击。从这个角度可以看出，用户对于SEM竞价推广广告的信任度不如SEO。

所以企业或个人在开展搜索引擎营销时，要采用"SEM+SEO"的模式，结合两者的优势才能获得较为理想的推广结果。

4.2.4 关键词与用户需求匹配

SEM搜索引擎营销在通过竞价获取收益的同时，为竞价企业寻找精准用户。而在竞价账户投放过程中，每一个关键词代表着一个用户需求。也就是说，用户搜索的关键词体现了他的需求。所以营销团队必须选择最契合用户需求的关键词。

常见的关键词类别有人群词、品牌词、行业词、通用词等。在这几类关键词中，用户转化效果比较理想的是品牌词与行业词。企业在制定账户策略时，要尽可能选用转化效果好、投入少产出高的关键词。此外，要尽量少用通用词，因为虽然通用词的搜索频率高，但转化率却并不理想。

区分了关键词的类别后，营销团队要将关键词和用户需求进行匹配。从用户需求入手，倒推关键词，具体可以通过以下4步完成。

第一步，发现问题。营销团队要了解用户需求，及时发现问题。例如，用户想寻找附近的美食，或者想查看某件商品是否有折扣，美食和商品折扣就是用户的需求。

第二步，搜索问题。例如，在PC端或移动端的网页中搜索"颈椎病的危害有哪些""感冒有哪些症状"等。用户在搜索问题的同时，也是在寻找问题的答案。

第三步，搜索解决方案。例如，"治疗方法""治疗费用""常用药物"等关键词往往代表着解决方案。

第四步，决定购买。例如，"某某药品治疗颈椎病的效果""某某行业排行榜""北京哪家医院整形技术好"等都是能够影响用户购买决策的关键词。

通过分析各种类型关键词的属性以及用户心理，企业可以清楚地知道用户搜索这个关键词的原因以及是否在寻求解决方案，最后根据用户需求给用户提供解决方案，促使用户购买产品。

关键词要具有精准性，以更加符合用户需求，进而实现最佳匹配。同时，用户需求也会反过来影响关键词的选择及更新。营销团队要学会通过搜索词报告确定关键词，然后进行关键词优化，检验匹配程度，精准对接用户需求。

既然一个关键词代表一个用户需求，那么是否意味着点击进入网站的一定是真实用户呢？答案是否定的。因为很多时候操作不当或技巧应用不熟练会导致无效流量进入，匹配到一些与本网站业务无关的搜索词，这时就要进行否定词操作。

一般来说，否定词分为两类：一类是常规词，时常有人搜索常规词，但实际上并没有产生有效成交；另一类是由于受到社会热点事件的影响，在短期内流量骤增的某个关键词。比如苹果新产品发布时，"手机""iPhone"等关键词的搜索量非常高，但与本网站的内容并没有太大联系。所以营销团队要控制好否定词，避免无效流量进入。

否定词与用户需求相背离甚至会干扰网站的正常运转,所以营销团队要建立一套否定词词库,提升关键词与用户需求的匹配度。

例如,利用百度统计等工具找到与产品没有关联的词语,将其添加为否定词。还可以利用关键词工具搜索关键词推荐,在被推荐的词中常常会出现与本企业或网站业务无关的词,然后将这些无关的词语添加为否定词。这种利用关键词找否定词的方法,效率和准确率都相对高一些。

4.2.5　成交 = 用户需求 + 卖点

SEM 搜索引擎营销的核心逻辑是将用户需求与卖点相结合,为用户提供需求产品,最终实现成交。

根据上面的思路,营销团队可以按照需求意愿程度将用户分为准客户、意向客户、潜在客户、无效客户 4 类。准客户占全部客户的 5%,他们是认同产品的优质客户,因此企业要立刻联系;意向客户占 30%,他们的购买愿望强烈,但喜欢将几家产品进行比较,最终根据自己的判断选择产品;潜在客户占 35%,他们有潜在需求但并不迫切,需要销售人员引导他们做出购买决策;剩余的 30% 是无效客户,这部分客户属于正常耗损,无法避免,只能降低。对于这 4 类客户,企业应采取不同的策略。

1. 5% 的准客户

对 5% 的准客户来说,他们已经认同了公司的产品。例如搜索品牌关键词的客户就属于准客户,此类客户已经了解了公司的业务。此类客户人数最少,但是转化率最高。

2. 30% 的意向客户

30% 的意向客户通常有十分强烈的需求,他们渴求产品或服务能够满足自己的实际需求。例如患者生病急需治疗,他需要选择医疗水平高的医院;用户的笔记本出现故障,他需要寻找技术高超的维修公司进行修理。

我们可以发现一个问题,那就是客户在选择产品时是以"他认为"为依据的。为什么会出现这种现象呢?原因很简单,因为客户在进行网络搜索时,判断的标准就是看哪家网站提供的信息可以解决他的实际问题。

锁定几家网站后，客户会分别进行咨询，从中选择一家产品符合要求、服务态度好、交流顺畅的企业完成交易。相对来说，此类客户比较容易被转化。

3. 35%的潜在客户

35%的潜在客户在短期内没有成交的意向或者成交意向不明确。通常情况下，他们搜索关键词的目的是收集资料，为日后可能的成交做准备。

代表此类受众需求的关键词比较容易分辨，一般以询问类的长尾关键词形式出现，例如"颈椎病都有什么症状""电脑进水了该如何处理"等。此类客户的转化比较困难，因为他们的需求并不迫切。

4. 30%的无效客户

剩余30%的客户基本属于无效客户，此类客户几乎没有转化的可能性。例如，匹配出来不相关的关键词或是无意中点开页面等都属于正常的推广消耗。

以上是按照需求的强烈程度对客户进行的分类，那么应该如何吸引客户的目光，引导客户点击咨询呢？这就要从客户的心理角度入手，如图4-18所示。

图4-18　客户的心理角度

1. 第一感觉

心理学研究表明，人的第一感觉会影响人的行为，对于网站来说也是如此。一个整体感觉良好、界面简洁明了的网站和一个功能复杂繁多、令人头晕目眩的网站相比较，大多数用户会选择前者。

例如，启德雅思培训的网页界面将企业的优势简单地用数据模式展现出来，只留下一个功能入口，避免了繁杂的功能选项和文字说明，提升了整体观感，如图4-19所示。

图 4-19　启德雅思培训网页界面

从心理层面讲，客户是带着期望值搜索关键词的，客户在潜意识里希望点开一个页面就能够看到想要的结果。因此如果想在第一时间吸引客户的注意，就必须带给客户良好的页面视觉感受，使得页面既美观大方，又能直击客户需求。

2. 客户心理和关键词延伸

如果想深入挖掘客户的心理需求，企业应当从客户搜索的关键词入手。企业可以通过关键词分析客户的心理，进而满足其需求。营销的本质就是一个满足客户需求的过程。

例如，客户搜索英雄联盟可能是想下载这个游戏，或者是想观看游戏视频，也可能是想寻找游戏攻略。

清楚了解客户心理后，企业可以在产品标题和描述上花费更多的精力，也可以通过客户的心理延伸出更多符合客户需求的关键词。

3. 吸引咨询

当客户进入网站页面后，第一需求是寻找自己想要的信息。但是企业需要和客户进行沟通，所以企业必须在页面中添加对话链接，方便与客户交流。当然链接的放置也有讲究，它需要出现在客户最想点击的地方，链接位置可以使用百度热力图确定。

4.3 多渠道广告投放

合理地投放广告是 B2B 营销中十分重要的一环，常见的广告投放渠道包括信息流广告投放、社交媒体广告投放、视频广告投放、展示类（DSP）广告投放、电商广告投放。

4.3.1 信息流广告投放

信息流广告是指在社交平台产品中以文字、图片、视频等形式展示的广告。简单来说，它是位于内容流中的一种广告，如图 4-20 所示的我爱我家 App 的广告。

图 4-20 我爱我家 App 广告

信息流广告能够同时满足广告主、媒体和用户的需求。广告主可以依据用户需求投放广告，用户也可以避免无用的广告信息，找到目标信息，比如喜欢玩游戏的人会对最新的电子产品信息情有独钟。媒体通过了解目标人群的兴趣和意图精准推送信息流广告，能够极大增加广告的触达率。

信息流广告越来越有希望成为移动互联网时代下主流的广告形式。信息流广告的本质是促使消费者进行感性消费，例如，我们在商场购物时，除了挑选目标商品，还会被货架上的其他商品所吸引，然后会不自觉地产生购买欲望，这种超出目标的额外购买行为就是感性消费。同理，信息流广告就是让消费者在社交平台阅读信息时，能够自然而然地关注到产品，从而进行感性消费。信息流广告投放的前提是分析目标群体需求，企业可以对以下9个问题进行思考，确定目标群体需求。

（1）企业的产品或服务能够解决用户哪方面的问题？
（2）企业的产品或服务有哪些吸引力？
（3）企业的产品或服务适合在什么场景下使用？
（4）企业的产品或服务是用户的第几选择？
（5）企业用户的人群画像是什么？
（6）企业保持什么态度更容易让用户接受？
（7）用户对行业产品的认知是什么？
（8）用户做出选择的标准是什么？
（9）投放信息流广告的最终目的是什么？

以满足目标群体的需求为出发点，信息流广告的投放才能更精准，取得的效果才更佳。

除此之外，一个充满创意的广告图能够让企业的信息流广告从众多广告中脱颖而出，吸引用户注意。信息流广告图有两种样式：3小图、大图。一般而言，3小图的点击率要高出大图，所以企业应尽量选择3小图的样式，且素材要与标题一致。

设计创意广告图后，营销团队应进一步思考如何提高用户的转化率。为了解决这个问题，营销团队首先应明确最常见的信息流广告投放位置：

（1）手机App页面；
（2）线上活动页面；
（3）网上购物页面；

（4）线上咨询页面。

以上是信息流广告投放的主要阵地，分别对应着不同的目标人群。通常情况下，为了提高用户转化率，信息流广告应包含以下要点：

（1）用户遇到的问题场景描述（引起共鸣）；

（2）问题造成的困扰和后果（担忧心态）；

（3）本产品能够提供的解决方法（用户需求）；

（4）第三方背书（信任增强）；

（5）风险的评估和同类产品比较（排除疑虑）；

（6）第三方的评价（共性心理）。

包含上述要点的信息流广告满足了消费者的需求，能够快速吸引消费者的关注，同时增强了消费者对产品的信任度，能够有效提高用户转化率。

如今，最主流的信息流广告平台有今日头条、智汇推等，它们的后台设置大同小异，主要有以下 5 种设置：

（1）年龄段的选择；

（2）性别的选择；

（3）兴趣爱好的选择；

（4）栏目的选择；

（5）手机系统的选择。

需要注意的是，IOS 端和安卓端的后台要分别设置，不可以在同一广告下选择同时投放。

在信息流广告投放阶段，营销团队需要选择合适的统计工具来跟踪和转化数据，对每一个付费链接做好记录，然后通过热力图进行分析。营销团队可以通过信息流的推广数据进一步完善用户画像，不断进行检验，最终获得真实可靠的用户数据。

4.3.2 社交媒体广告投放

社交媒体的出现无疑是互联网发展的一座里程碑。简单来说，社交媒体是允许人们撰写、分享和评价内容的平台，如微信、微博、QQ、视频分享网站等。

社交媒体广告就是针对社交媒体平台投放的广告，它具有 3 大优势。

1. 以用户为中心

如今，用户成了广告的宣传者。很多用户会将喜欢或效果不错的产品的广告发布到社交媒体平台，这起到了极大的宣传作用。

2. 精准定位目标用户

企业利用大数据分析用户，能够实现精准定位目标用户，例如，豆瓣网建立了众多兴趣小组，婚恋网站对用户进行分类等。这使得企业能够精准地进行广告信息推送，降低了广告投放成本，提升了广告的投资回报率。

3. 突破时空限制

社交媒体拥有更为多元的传播渠道，人们借助互联网可以随时随地进行交流，突破了时空的限制，建立了巨大的信息网。

企业投放社交媒体广告的前提是找到用户兴趣，这样才能制造话题，与用户进行互动交流，最终吸引用户注意。同时，社交媒体广告还应包含个性化信息，例如，六神花露水推出了视频《夏天从未离开》。这个视频以"夏天"为主题，包含了独特的信息，展现传统品牌的现代活力，在提升用户对品牌的好感度的同时，起到了良好的宣传效果。

企业可以通过举行互动活动的方式在社交媒体上投放广告。例如，豆瓣网在宣传电影时经常以影评的方式邀请用户参与其中，用户在活动过程中能够更好地理解电影内容。

对于企业来说，节假日是一个投放社交媒体广告的好时机。例如情人节的时候，巧克力商家会在社交媒体推送各种各样的折扣广告，吸引顾客消费；五一期间，各类旅行社在社交媒体上推出优惠活动。

借助社交媒体的力量不断加深客户对广告产品的印象，可以增加客户对产品的信任。随着推荐人数越来越多，客户对产品的信任度也就越来越高，购买概率就会增加。

4.3.3 视频广告投放

视频广告是指以视频形式投放的广告。视频广告投放有 4 大模式，如

图 4-21 所示。

图 4-21　视频广告投放 4 大模式

1. 程序化购买模式

程序化购买模式是最近几年营销圈的热门模式之一，它是一种由技术驱动，能够自动购买广告的模式，目前正在迅速占领广告市场。

例如，牛栏牌为了提升品牌影响力，对目标消费用户进行精准定位，采用了程序化购买模式。通过积累数据并对数据持续进行优化，牛栏牌对曝光率和点击率较高的广告位增加投放预算。同时，加强渠道监控，深度优化监督体系。最终牛栏牌总曝光量高达 72 830 000 次，比预期高出 163%，占总体市场的 2.63%。

牛栏牌正是凭借程序化购买模式不断优化投放目标，最终扩大了品牌的知名度。

2. 自媒体推广模式

自媒体推广模式指的是企业借助由个体或群体自行组织的媒体进行产品宣传，以达到营销的目的。

自媒体渠道很早便出现了，只不过当时企业并没有利用这一渠道进行广告投放。直到各大直播平台崛起，网络主播成为当下最火热的新兴自媒体，自媒体推广模式才逐渐引起企业注意。

例如，电竞知名选手"厂长"代言英特尔，英雄联盟 LPL 职业赛事代言战马饮料，英雄联盟职业战队 OMG 代言 AKPLAYER 游戏椅，全球知名品牌奔驰倾情赞助英雄联盟总决赛等。

网络主播在直播的过程中推广企业广告，通过自身庞大的粉丝流量带动企业产品销售量的增加，实现双方互利共赢。

3. 热门影视剧推广模式

利用当下最热门的影视剧来推广产品，能够在短时间内取得较为明显的效果。例如东鹏特饮将广告植入热播网剧《老九门》的剧情里；在《人民的名义》中，东汇集团在视频画面上推送广告。虽然热门影视剧推广模式能够在短时间内收获巨大的成效，但这种模式只有在特定的时间内才会产生效果。因为热门影视剧层出不穷，所以这种推广模式需要把握好影视剧具有热度的时间。

4. 视频外链推广模式

视频外链推广是在网站上传添加了外链的视频，以达到宣传产品的目的的模式。几乎任何网站都有来自其他网站的外链，这些视频的发布者通过在百度、腾讯、优酷等知名网站发布视频，可以在极短的时间内提升人气。视频外链推广模式能够借助各大知名视频网站的人气快速扩大品牌知名度。

4.3.4　展示类广告投放

展示类广告投放是通过一种实时竞价的方式，迅速锁定目标客户，然后将广告资料展现在目标客户面前，最终促成营销。

以前企业在一个网站投放广告的流程是：买下一块广告位—文案和设计人员制作广告—将广告投放到广告位进行展示。但是访客在访问这个网站时，只能在页面看到这个不变的广告，就如同传统广告中的固定广告牌一样，缺乏互联网广告应有的灵活性。

于是展示类广告就诞生了。展示类广告沿袭了搜索引擎营销的优势，将搜索关键词与实时竞价的方法相结合，并运用在网站的广告位上，使广告位上的广告不再是固定不变的，而是时刻都在变动。

例如，当下流行的抖音 App 的用户定位为潮流青年，正是凭借精准的用户定位，抖音才能在短短 1 年的时间内迅速占领年轻人的市场，火遍全国。企业应优选用户，向最契合产品定位的用户单独投放广告，排除那些始终无法转化为用户的人群。例如广告投放 1 周后，仍然没有转化成用户的人群可以被排除。或者在某个地区投放广告，但是用户转化率较低，那么也可排除这个地区的人群。

第4章 营销策略：B端企业营销的关键技巧

在挑选DSP平台时，企业要选择最适合自己的，切忌盲目跟风，或者看到同行用哪一种，自己就选用哪一种，否则可能会导致DSP广告推广无法达到预期的效果。例如，中小企业和同行业巨头使用相同的DSP平台，极有可能会因广告预算不足而达不到理想的推广效果，所以企业最好选择合适的DSP平台。

目前，在选择DSP平台时，企业有两种选择。

第一种选择是企业将账号全权交由DSP服务商运营。一般情况下，优秀的DSP服务商拥有丰富的实践经验，其拥有的后台资源和决策计划能够有效降低竞价成本和增强广告投放的效果。而且服务商能够提供售后服务，帮助企业解决在体验DSP产品过程中遇到的困难。

但是此种选择有一个缺点，那就是广告主不能登录账号，广告主只有主动询问相关工作人员或等服务商主动发送报表才能获知DSP广告投放的效果。因此如果企业选择将账号全权交由DSP服务商运营，那么与服务商及时交流就十分重要。

第二种选择是企业自己做。企业自己做通常是指企业购买DSP服务商的账号后，由企业中专门的人员管理账号，进行相关的竞价操作。但是企业自己做并不意味着建立团队后，企业就能掌握相关运营技能。

第二种选择会加重企业的负担。首先，这种选择增加了企业支付相关管理人员薪酬的成本；其次，对管理人员的经验和能力也有较高的要求，如果管理人员的经验和能力不足，那么DSP广告的投放效果也会大打折扣。因此对于中小企业来说，除非企业拥有经验丰富的DSP员工，否则将账号全权交由DSP服务商运营是最好的选择。

一个好的广告创意能快速吸引用户关注，起到宣传效果。同时，一个好的广告创意不但决定着用户点击率，还对用户的转化率有着重要影响。因此创意是影响广告投放效果的重要因素。

既然广告创意如此重要，那么到底该如何优化呢？下面为大家介绍一些创意优化的技巧。

（1）剔除花费高，但转化效果不好的创意。

（2）为了避免用户产生审美疲劳，最好15天左右更换一次创意。

（3）创意要有主题，主题要切合推广策略，所有的创意必须紧密围绕主题。

（4）创意的布局要合理，例如从上到下，从左至右。

（5）文字简练，要浅显易懂且有一定号召性，一般最好是8～12个字。

（6）图片上的内容需要和主题保持一致，并且图片要简洁。

（7）创意主题的颜色最好能够突出主题，一般适宜使用淡粉色、淡绿色、纯白色等。

（8）留白。相关调查显示，推广广告中的留白面积每增加1倍，注目率提升70%。

数据优化也是DSP广告的重要优化方法之一。数据优化就是将时段、浏览器、地域等数据进行及时更新和清理。

数据优化有两个好处：一是保证了消息的即时性，使企业能够捕捉到最新的数据信息，为企业进行下一步决策提供有效的支持与帮助；二是为下一部分数据提供空间，因为数据存储空间是有限的，一旦超出限度，任何数据都无法存储。

DSP广告主们要重视数据优化，形成极具价值的数据信息，为DSP广告投放提供有利帮助。

4.3.5 电商广告投放

在电商领域，广告投放的位置会兼顾很多方面，这也决定了广告投放的渠道是多元化的。一般情况下，电商广告投放的渠道大体上分为付费、自媒体和口碑3种。付费渠道有线上、媒体、户外、社会化等；自媒体渠道有官方、论坛、社群等；口碑渠道有名人、粉丝等。例如，大多数电子类产品广告出现在网吧、游戏室等娱乐场所，而洗浴类产品广告大多出现在超市、大型商场等场所。电商采取错位的广告投放渠道，能够避免"僧多粥少"的局面发生。

正如电商广告投放位置需要分开，电商广告的投放时间也需要合理安排，从而有效利用时间资源，实现互利共赢。

例如，2016年"双11全球购物狂欢节"来临的时候，淘宝在11月11日开始推出折扣活动，而作为其竞争对手的京东则想到了一个妙招：提前20天左右举行"双11"预热活动。该活动分为3个阶段：第一阶段，从10月20日到10月25日，重点推广4个赞助品牌；第二阶段，从10月26日到10月

31 日，推广国外的产品；第三阶段，从 11 月 1 日到 11 月 10 日，在京东首页进行跨国家的多维度推广。如此一来，京东既借助了"双 11"的流量热潮，又避免了和淘宝正面交锋，实乃一举两得。

在投放电商广告前广告主需要理清思路。投放时一定要"踩着石头过河"，而不应该"摸着石头过河"。只有这样，广告主才能心中有数，实现效益最大化。如何才能做到"踩着石头过河"呢？这就要求广告主从目标、公司、产品、行业 4 个方面考虑自身的需求。

（1）目标：推广的目标是什么，推广的需求是什么，以此确定推广目的、推广地域和投放平台。

（2）公司：根据公司各类产品的实际收益情况、用户的属性等，明确推广产品的种类，这有利于分配预算和出价。

（3）产品：根据产品的战略定位、优点以及用户特点，搭配适合的广告创意。

（4）行业：根据同行对手的产品特点、文案方向，确定自己的产品用何种方式参与竞争，例如，促销或差异化发展等。

在考虑好以上 4 个方面之后，才能正式投放电商广告，否则就可能出现目标定位不准、自身定位模糊、产品毫无特色、行业把握不准的情况，最终导致广告投放效果不佳。

4.4　KOL现身说法

KOL 是新媒体营销的重要组成部分，它指的是在某领域粉丝量较多、影响力较大的超级用户。KOL 营销也可用于 B2B 营销，To B 企业可以以访谈或直播等形式，邀请大客户企业的关键人分享双方企业合作的过程，以达到塑造口碑的目的。

4.4.1　与行业权威合作

如今，人们在信息泛滥的网络空间里搜索信息时，往往乐于倾听权威的声音。为了最大程度降低风险，企业的采购人员也喜欢听取权威人士的推荐。例如，某企业想更换供应商，该企业的采购部经理恰好在自己关注的行业权威公众号里看到其推荐的某家 To B 企业与自己企业的业务契合，于是该采购经理向领导推荐了这家 To B 企业，最终双方达成了合作。

现在，很多内容创作者都期待有商业变现的机会，所以一些行业权威的内容创作者、自媒体等也都很愿意和相关企业合作。虽然 KOL 营销是商业往来，但其中也有人情往来。To B 企业与内容创作者建立合作关系后，双方就可以多多联系，获取更多资源。

如果 To B 企业的产品属于新兴品类，或与当下社会热议的话题相关，那么可能会获得 KOL 的特别关注。为了增加自己的流量，KOL 可能会更加认真地创作与该产品相关的内容，让双方实现共赢。

有一些 KOL 有和粉丝交流的社群，或经常在评论区和粉丝互动，因此他们的粉丝黏性很强。这些 KOL 能更敏锐地捕捉粉丝的需求，作品质量很高，因此在粉丝心中也有很高的威望。如果企业与这样的 KOL 合作，获客的概率也会增加。

一般行业观察员、企业高管、行业专家、咨询顾问、生态合作伙伴、企业内部员工等最适合成为 KOL。这些人自带行业标签，而且地位较高，更容易获得客户的信任。To B 企业可以根据需要和企业定位自行选择 KOL。

4.4.2 用成功案例说服客户

企业的客户也可以成为 To B 企业的 KOL，因为天花乱坠的描述远没有一个成功的案例有说服力。成功的案例不仅可以增加客户合作的信心，还可以让客户看到服务或产品的预期效果。

小秦是一家广告公司的销售人员，最近在和一家老牌建材公司谈一笔大合作，对方希望小秦的公司帮自己研发一个新的推广平台，提高曝光率。因为该公司属于传统行业，负责人又没有这方面的经验，所以一直很谨慎，迟迟不肯与小秦签单。

小秦想了一个办法，他在最近一次与对方负责人闲聊时，给他讲了一个故事。小秦说:"去年我们与一家做工业气体的公司合作,老板不懂营销,经营了几年也只有几个老客户。那家公司之前的推广效果很不好,于是老板就找到了我们。当时我给他看了我们做过的案例,然后这个老板比较爽快,直接就跟我签单了。在合作后3个月内,这家公司就接了好几个大单,赚了很多钱,老板还请我们团队吃饭呢,后来他还帮我转介绍了几个客户。您跟他的情况差不多,相信我们团队一定可以帮助您。"

在这个案例中,小秦便是用成功案例说服客户签了单。这个案例中的公司和客户公司相似,都属于传统行业,而且老板都不懂营销,公司推广效果都不好,而案例中的公司通过使用小秦公司的产品得到了正向的结果。听了这个故事之后,客户会想象自己也能得到一个好结果,从而从情感上偏向与小秦合作。

4.4.3　微信支付与腾讯新闻联合出品:《智慧 Talk》

每个做营销的 To B 企业都知道要树立好标杆案例,才能吸引客户,提升客户的信任度。如果阿里巴巴愿意拍个视频,为某家 To B 企业的产品站台,那么肯定对这家 To B 企业的业务发展极为有利。

然而,想法很美好,实行起来可能会有些困难,因为很多大客户不愿意配合,不愿意帮 To B 企业站台。例如,某家大企业是 To B 企业的客户,这家 To B 企业想让大企业的领导拍摄一个视频,讲述选择与 To B 企业合作的原因,以及合作效果如何。但是大企业的领导可能会有顾虑,因为这个视频对大企业没有什么价值,可能还会带来未知的风险。

对此,营销团队可以与媒体联合推出视频案例栏目,以权威媒体吸引客户合作,提升双方的品牌影响力,实现双方的合作共赢。

以微信支付与腾讯新闻联合出品的《智慧

图 4-22　微信支付与腾讯新闻联合出品《智慧 Talk》

Talk》为例（如图 4-22 所示），这个栏目基于腾讯新闻资深媒体人与微信支付的客户领导开展的对话访谈，将相关视频在腾讯新闻上发布出来。通过媒体访谈的形式，客户领导讲述公司如何进行数字化转型，然后提出微信支付的数字化解决方案。

腾讯新闻、客户公司自媒体、微信支付自媒体、行业自媒体都会将视频发布出来，视频在行业中的传播力度非常大。所以，虽然媒体访谈类栏目投入大、耗时长，但这种形式比较正规、专业度高、客户愿意配合，所以传播效果也比较好。

第 5 章

客户获取：打破 B2B 企业获客难的魔咒

获客难这一问题几乎困扰着所有企业，To B 企业也不例外。而且，To B 企业产品单价高、客户决策周期长，所以获客成本偏高，但是 To B 企业的成单率却偏低。对此，要想破局，To B 企业就要寻找适合自己的获客方式。

5.1 改变获客思维

为了适应互联网的发展趋势，To B 企业必须先改变获客思维，即基于现在的互联网新场景设计新的获客方法。

5.1.1 找客户：让客户从被动变主动

传统的 To B 企业的销售方法都是销售人员去找客户或者等着客户主动上门询问，这样的方法效率太低，而且很难获得精准的客户。所以，To B 企业要转变思维，让客户从被动变主动。

不管是 B 端，还是 C 端，当销售人员主动去联系客户的时候，客户往往抱着抗拒与怀疑的心理。有经验的销售人员一定有过这样的体验：站在大街上向往来的行人推销时，十有八九会被拒绝。这是因为销售人员推销的产品对客户而言是没有价值的，他当下可能确实不存在这方面的需求。

客户购买一款产品是因为产品的价值能够满足他的期待、解决他的需求。一个客户主动联系销售人员，一定是带着某种期待或想解决某种问题。很多销售人员在宣传产品的时候，都喜欢反复强调所售产品的功能、优点或促销打折的力度。但其实真正有效的推广并非一味展现一样产品的好处，而是要针对客户现实存在的需求与想象中的愿景来进行推广。

所以，企业获客的关键应该是让客户产生需求。这样即使销售人员不费心推荐，客户也会自己上门询问。

小米的创始人雷军说过："好产品自己会说话。"这句话很多人都听过，也有不少企业把它作为经营的信条。如何让产品开口为自己说话呢？这需要营销团队采用积极的营销手段帮助产品进行自传播。

企业需要找到品牌的核心部分进行传播，最愿意接受品牌的群体往往也是实现传播最大化的这部分人。将营销内容投放到这部分人群中，就会产生积极的自发传播效果。这需要营销团队绘制精准的客户画像，找到最容易接受品牌与品牌黏性最大的群体进行广告投放，从而产生更大的边际效应。

而对于中小企业来说，试错成本相对有限决定了其不能采用平铺式宣传，因此需要谨慎考虑后选择合适的营销手段。新媒体浪潮下的营销方式五花八门，并且随着互联网技术不断创新，营销渠道也呈倍速增长。中小企业只有选择合适的平台、创作合适的内容，才能够在竞争激烈的营销浪潮中脱颖而出。

综上所述，To B 企业想要实现产品的自传播，最直接的方法就是提高产品的质量，用高质量的产品打动客户，真正解决客户的需求，以此和客户建立长期的信任关系。

5.1.2 养熟客户再"卖货"

如果一家企业仅打着销售产品的旗号接近客户，那么除了对产品感兴趣的客户，其他客户根本不会理睬，甚至会很反感。一些企业为了引流，会吸引客户加入企业社群或关注企业的公众号。如果营销人员在建立了社群之后就马上想方设法去变现，发广告链接，那么基本不会得到回应，久而久之这个群还会被客户屏蔽。显然，这种操之过急的运营方式是不受客户喜欢的。

没有人喜欢在一个纯功利性的社群或公众号上浪费时间。因此从获客到卖货，To B 企业一定要循序渐进，最初不要带有太过明显的功利性，可以先给客户提供一些有价值的内容，增加客户对企业的了解和认同。

例如，某家做企业营销服务的企业给客户建立了一个社群，营销团队定期在群里发布一些行业咨询、技术解读等干货，为客户提供社交渠道和学习资料，拉近与客户的距离。经过这个过程后再去销售产品，就会容易得多。

有些企业建立社群之初就以赚钱为目的，社群的内容偏向同质化和庸俗化，因此不会获得 B 端客户的信任。

客户第一次购买产品，往往是出于好奇。这种好奇实际上是一种因长期相处而建立起来的信任感。没有人会对那些一开始就抱有极大功利性目的接近自己的人产生信任感。小米在建立社群的初期也是只与手机"发烧友"讨论如何设计手机，而没有进行产品销售。

另外，不管企业营销的目的是否功利，客户购买的终究是产品。如果产品质量不好，之前透支的信任都会成为品牌"自由落体"的助推器。

5.1.3 Atlassian：没有销售员的 To B 企业

有一家 To B 企业，没有一个销售人员，仅通过口碑就吸引了大量的关注，目前市值已超过 400 亿美元，这家 To B 企业就是 Atlassian。Atlassian 主要为企业提供协同办公产品，从建立至今已经取得了多项成就，例如连续 11 年盈利、股价一直保持高位等。

Atlassian 可以发展成为一家优秀的 To B 企业，与企业自身的文化建设、产品策略和销售模式有着密不可分的关系，如图 5-1 所示。

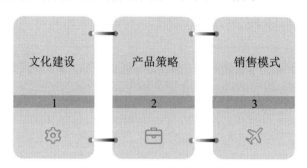

图 5-1 Atlassian 的发展战略

1. 文化建设

Atlassian 坚持以客户为中心，这也是其能够以高溢价上市的重要原因之一。创立初期，该公司的员工基本上都是两位创始人的大学同学，他们在爱好、兴趣、价值观、社交圈等方面有着高度的相似性，这使得 Atlassian 的文化建设有着良好的员工基础。

2. 产品策略

Atlassian 主要有 5 款产品，不同的产品面向不同的市场。这 5 款产品分别是 JIRA（项目管理软件）、Confluence（企业知识管理与协同软件）、BitBucket（代码库）、HipChat（内部聊天/协作软件）和 JIRA Service Desk（服务台软件）。

现在，Atlassian 的产品已经覆盖多个领域，包括软件开发、IT、人力资源、营销、金融、法律等。借助 Atlassian 的产品，这些领域的企业可以通过协作的方式更好地完成工作。发展至今，Atlassian 凭借优秀的产品获得了极强的用户黏性。这种黏性来自于 Atlassian 对客户业务流程的深刻理解，以及对客户降本增效的需求的满足。

也正是因为如此，Atlassian 的产品才可以受到很多客户的喜爱。例如，美国航空航天局借助 Atlassian 设计火星探测器，Runkeeper（一个专门开发健身应用的企业）借助 Atlassian 设计健身应用。宝马、花旗等知名企业都是 Atlassian 的客户。

另外，Atlassian 还采取了并购策略，以便获得更好发展，扩展 To B 业务的范围。例如，Atlassian 收购了任务管理工具 Trello。Trello 的应用场景包括家庭旅游行程规划、企业团队协作等，拥有 1900 余万全球用户。在收购了 Trello 之后，Atlassian 将 Trello 的产品整合到 Atlassian 产品中，强化了其在家庭及个人用户领域的地位。

3. 销售模式

没有销售人员是 Atlassian 与其他 To B 企业最大的区别，也是 Atlassian 可以连续 11 年盈利的关键。为了推陈出新，Atlassian 将销售过程转变为 B2P（Business To Person，企业对个人），即让客户自己找上门来，而不是让销售人员主动去寻找客户。

Atlassian 将重心放在建立口碑上，借助好的口碑，Atlassian 可以在没有销售人员的情况下让客户口口相传，从而实现精准引流。而且 Atlassian 的很多客户是世界 500 强企业，这是很多 To B 企业梦寐以求的销售成果。

对于 Atlassian 来说，全程自助、控制价格、口碑宣传是非常重要的 3 个销售手段。首先，Atlassian 通过官网以自助的方式销售产品。官网上有客户关心的所有信息，例如价格体系、产品类型、团队人数、部署方式等。而且客户还可以直接在官网上申请试用产品。

其次，Atlassian 严格控制产品的价格，坚持走薄利多销的道路。例如，JIRA 的价格是根据坐席数量确定的，而且如果是 5 人以下的团队，还可以享受免费服务。即使面对的基本上都是经济实力比较强的企业，Atlassian 也没有因此而提高产品的价格。

最后，Atlassian 主攻的虽然是 To B 业务，但始终都是按照 To C 业务的要求为客户服务。在产品方面，Atlassian 提供标准化的 SaaS 软件；在销售方面，Atlassian 采取的是电商模式。因此很多与 Atlassian 有过合作的客户都愿意为其产品做推广。

经过不断的发展，Atlassian 的业务领域不断拓展，能够为各行各业的企业提供协同办公产品。业务领域的拓展是 Atlassian 不断成长的表现之一，同时，在其成长的过程中，为了满足不同行业的个性化需求，Atlassian 十分重视产品的个性化开发。Atlassian 接纳第三方开发者，第三方开发者能够在 PaaS 平台 Atlassian Marketplace 中开发适用于 Atlassian 的各种产品插件，客户也因此有了更多个性化、多元化的选择。

Atlassian 具有广阔的发展前景。在市场方面，Atlassian 布局了多个空间巨大的市场，包括应用开发、IT 运维、协同办公等。市场规模的扩大将为 Atlassian 带来更多的营收。在产品方面，Atlassian 持续的产品研发保证了产品的高性能，再加上良好口碑的加持，Atlassian 能够保持持续稳定的增长。

目前，Atlassian 的口碑已经实现了大范围传播，我国的很多企业也与其达成了合作，例如泰康人寿、顺丰等。未来，Atlassian 还将为更多客户提供产品，其服务范围也将遍布更多行业和领域，从而实现全球化的扩张。

5.2 有效的获客渠道

To B 企业要想高效获得客户，找到有效的获客渠道很重要。获客渠道包括线下渠道、付费渠道、免费渠道等。

5.2.1 不可忽视的线下渠道

B2B 交易具有金额大、耗时长、决策复杂等特点，所以大部分客户还是会选择线下交易，线下渠道依然是 To B 企业不可忽视的获客渠道。

1. 线下活动

线下活动一直是企业获取客户的主要途径。因为线下活动一般都有明确的主题和指向性，所以通过线下活动获得的客户也比较精准。To B 企业可以根据目标客户特性开展招商会、展会、行业峰会、私享会等线下活动，提高获客的效率和精准性。

2. 上下游平台

每个行业都有一条产业链，对此，To B 企业可以和客户产业链上下游的企业建立联系，以精准获客。例如目标客户的业务是提供网站建设，那么 To B 企业可以通过和拥有服务器租赁等业务的企业建立联系来获得客户；或者目标客户是餐饮企业，那么 To B 企业和食材供应商建立联系就能得到很多餐饮企业的信息。

3. 招代理

招收产品代理，既能开拓市场，又能降低获客成本。产品代理包括区域代理商、城市合伙人等。这种方式可以把 To B 企业的获客压力转移到代理商身上，但要注意的是，企业要制定出合理的代理政策，对所有代理商一视同仁，避免代理商之间恶性竞争。

5.2.2 针对性强的付费渠道

为了提升获客的精准度，付费渠道是一个不错的选择。相较于信息杂乱的免费渠道，付费渠道针对性更强，可以节省 To B 企业筛选信息的时间，提升获客效率。

1. SEM

SEM 指的是在百度、360、搜狗等搜索引擎投放广告。这是大部分企业的选择，获客效果好坏的关键在于企业是否有充足的预算进行长期投放。

2. SEO

SEO 的获客效果相较于 SEM 要差一些，但对 B 端客户的影响更深远。SEO 的效果受内容营销的影响，除了持之以恒输出内容，如何在各个位置埋下关键词，保持产品与被搜索关键词的高度契合也非常重要，这需要运营的高度配合。

3. 信息流 / 短视频

目前，信息流和短视频平台的流量非常大，如今日头条、微博、微信、视频号、抖音、快手等。但不同的平台，用户画像不同，数据也存在差异，企业需要付出一些成本去试错。因为具有关注度高、传播快等特点，目前，信息流和短视频平台是 To B 企业输出客户案例的最好阵地。

4. 行业平台 / 垂直媒体

每个行业都有垂直媒体或专业的资讯平台，这些平台的客户非常精准。例如房屋租赁行业有 58 同城、安居客、贝壳找房等平台；母婴行业有宝宝树、妈妈网孕育等母婴平台。

5. 付费数据

目前，针对 To B 企业的付费数据服务已经非常普遍。数据来源模糊、数据真实性存疑、客户不精准等问题是很多企业提升获客效率的"拦路虎"。付费数据服务商利用技术帮助企业筛选用户数据，可以使企业省去对数据的第一遍粗筛，大大提升获客效率。

5.2.3 高频互动的免费渠道

如果 To B 企业的营销经费比较少，也可以选择一些免费的渠道挖掘客户。这些渠道虽然不如付费渠道精准、省力，但坚持运营一段时间也能看到效果，而且性价比很高。

1. 新媒体

广大新媒体平台是不同圈层用户获取实时信息和专业知识的地方，如微信公众号、知乎、百家号等。这些平台不需要付费注册，但要注意不同平台对产品宣传的管制程度也不同。To B 企业可以在不同平台开通账号，围绕一个内容运营。一段时间后观察哪个平台转化效果最好，再进行重点运营。

2. 企业信息

工商信息、企业黄页、分类信息网站等传统的信息获取平台依然大有用处，而且因为现在企业信息化程度高，在网上获取的公司法人、CEO、部门经理等信息更加准确。例如成为天眼查、企查查等商业咨询平台的会员，可以看到企业更详细的信息；在58同城、猪八戒等实时供需信息网站上，搜索产品、行业等关键词，能获取企业的业务需求。

3. 垂直平台

在有些垂直行业网站上，企业可以免费发布信息，如中国网、世界工厂网、中国交易网、智趣网、黄页88网等。这些B2B综合网站垂直行业居多且对信息把控严格，是获取精准客户的绝佳选择，但与阿里、腾讯系平台相比，这些网站的流量相对有限。

4. 商务合作/资源置换

为获取更精准的客户，To B企业也可以与客户或者同行公司进行资源置换，如网站资源置换、活动资源置换、流量置换等，以实现双方共赢。

5. 老客户推荐

老客户带来的新客户通常质量都很高，既与公司业务匹配，又很容易成交。对此，To B企业要制定有效的合作方案，对老客户进行激励，如佣金机制、赠送客户福利、提供免费培训等。

第6章

私域流量：锁定客户，实现低成本转化

在公域流量越来越贵的背景下，私域流量成了企业关注的焦点。To B 企业大多不会做一次性生意，所以运营私域流量、挖掘客户的长期价值尤为重要。除了要把客户沉淀下来，企业还要对其进行精细化管理，重点运营潜力高的客户。

第6章 私域流量：锁定客户，实现低成本转化

6.1 客户分层精细化管理

"客户至上，客户第一"几乎是每家企业运营的准则，但真正实现它的公司却少之又少，原因是大部分企业没有对客户进行分层管理。为什么要对客户分层管理？因为一家企业的资源是有限的，不可能不考虑产出比地为所有客户提供一样的服务。所以，企业要根据客户的价值，给客户提供不同档次和类型的服务，用有限的资源获取最大的价值。

6.1.1 二八法则：20%的客户需要重点关注

二八法则又叫帕累托法则，这个法则应用在经济学中，指的是20%的客户比剩余80%的客户更加重要，占少数的20%的客户创造了80%的利润。因此企业需要更加关注20%的重点客户，针对他们的需求进行产品和服务的优化，以便获得更大的回报。

二八法则是客户分层管理的重要依据，下面就为大家介绍一下哪些客户可以作为20%的重点客户，如图6-1所示。

图6-1 哪些客户需要重点关注

1. 重点客户

在营销过程中，客户使用产品的数量或频率是一个非常重要的衡量客户价

值的参考指标。根据这一指标可以将客户分为3类，即大量使用产品者、中等使用产品者和少量使用产品者。其中，大量使用产品者虽然在所有客户群体中占的比例较小，但是他们成交数量多、成交频次高、成交金额大，对销售额的贡献非常大，所以，找到他们对于增加成单量非常有帮助。

2. 优质客户

对于一些使用频率不高的产品，把握客户的质量非常重要。在如房屋、汽车、大型机械设备等产品的销售中，客户成交的频率虽然不高，但产品的单价非常高，每成交一单企业都能获得非常丰厚的利润。其中，有些客户的成交意愿强、成交能力高，这些客户便是20%的优质客户。优质客户很可能成为长期客户，还可以帮助公司塑造和宣传形象，提高公司的知名度，优质客户的价值是难以估量的。

3. 老客户

很多公司常把工作重点放在开发新客户上，却忽略了维护老客户。确实，挖掘新客户对增加利润有着重要的作用，但是相比新客户，老客户的价值更高。老客户可以为产品销量带来直接的提升，他们忠诚度高、转化时间短，最容易大量、高频率、重复购买产品。另外，由于老客户对企业所提供的产品和服务比较熟悉，所以向老客户推销产品的成本也比较低。有关调查表明，销售人员开发一名新客户的成本是留住一位老客户的6倍，可见老客户的重要性不言而喻。

6.1.2 客户价值评估公式

众所周知，高价值客户能为企业带来更多利润，那么如何评估客户价值呢？从企业视角看，客户价值 = 显性价值 + 潜在价值 + 成长价值。

很多To B企业会过分关注净资产高、支付能力强的客户，把它们当作企业的高价值客户。其实这些客户的贡献不一定高，甚至还会导致企业营销陷入恶性循环，让付出的资源与回报不对等。

所以，To B企业要学会综合评估客户价值，同时考虑客户的显示价值、潜在价值和成长价值，如图6-2所示。

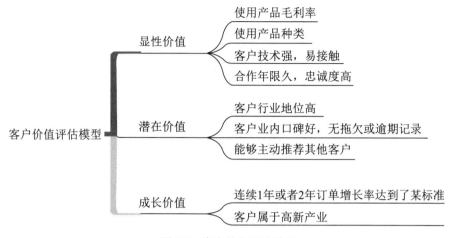

图 6-2　客户价值评估模型

除了图上这些正向的评估点，To B 企业还可以加入负向点，例如，客户不好沟通、难以接触等，然后综合评出"性价比"最高的客户。

6.2　客户生命周期管理

从接触产品到流失，客户会经历一个完整的生命周期。因为 To B 企业一般不做一次性生意，所以要把握好与客户接触的每一个节点，以发现客户更多价值。

6.2.1　把握客户生命周期，发现更多增长点

对于 To B 企业来说，每个客户都是有"生命"的。客户的"生命"旅程从接触产品开始，到离开产品结束，如图6-3所示。因此企业在留存客户、运营私域流量时，应以客户为中心，围绕客户的生命周期把握增长点，而不是全凭主观臆断。

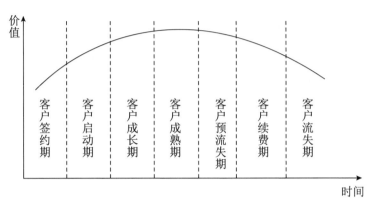

图 6-3　客户生命周期

企业要围绕客户不同阶段的需求，明确每个阶段需要达成的目标，并设计配套的客户管理工具，从而更好地进行客户运营，发现客户更多价值。

6.2.2　不同客户生命阶段的管理方法

那么，在不同的客户生命阶段，企业应该如何做才能增加客户成单、续费的可能性呢？

1. 客户签约期

在客户签约期，客户会根据已知的信息对产品有一个大致的预期，他希望自己买到的产品与已知信息描述一致，并且符合或超越自己的预期。

企业在这一段的主要目标就是合理控制客户预期，不做出夸大或无法达成的承诺。对此，营销和销售部门需要有统一的产品或服务介绍，避免在成单前过分地提高客户对产品的预期。

2. 客户启动期

在客户启动期，客户会快速使用产品来解决自己的问题，他希望产品的使用成本较低且能立刻见效。

企业在这一阶段的主要目标是帮助客户快速启用产品，满足其个性化需求。对此，企业可以和客户明确需要双方配合完成的工作，并以书面形式确定下来。企业可以举办一个小型的项目启动会，让客户产生受重视的感觉。除此之外，企业还要根据客户购买时的初衷，在完成初始化的启动后，安排针对性的讲解及使用培训，最好能建立标准化的培训流程，降低客户学习难度。

3. 客户成长期

在客户成长期，客户需要自己的问题能得到及时响应，能够稳定地使用产品。他希望自己在使用产品的过程中出现任何问题，都有人予以解答并指导操作。

企业在这一阶段的主要目标是高频跟进客户使用情况，及时响应客户的问题。企业可以根据客户使用数据，定期回访客户的使用情况。特别是当使用数据异常时，企业要及时向客户了解原因，明确问题所在。另外，企业还要建立完善的线上服务体系，使产品、销售、技术、服务等部门的工作衔接顺畅，确保各部门能及时与客户沟通，缩短响应及解决问题的时间。

4. 客户成熟期

在客户成熟期，客户会探索产品的深度功能，他希望通过更好地使用产品解决更多问题。

企业在这一阶段的主要目标是打造 KOL 客户，用头部客户带动腰部客户，吸引客户解锁产品的高级功能。企业可以定期拜访头部客户，向他们倾斜资源，然后用线上直播、线下沙龙等方式，增加客户之间的交流，激发腰部客户的需求。

5. 客户预流失期

在客户预流失期，客户可能发现产品无法解决自己的某些问题，进而产生了不再续费的想法。

企业在这一阶段的主要目标是掌握客户的需求变化情况，在特殊问题上主动为客户提供解决方案。企业可以定期回访客户，了解产品使用情况，及时了解客户企业内部的业务变化、人员变化等情况，据此主动提供解决方案，以增加产品的价值。

6. 客户续费期

在客户续费期，客户可能又有了新的需求，决定重新决策对比多家产品。

企业在这一阶段的主要目标是提前介入，用资源倾斜等方式挽留客户。企业可以在使用期限过去 2/3 时提前介入，分析客户的续约概率及不续约的概率，用发放优惠等方式，吸引高意向客户提前续费。另外，无论客户是否续费，企业都要做好原因记录，定期做客户续费分析，以此推动产品不断完善。

7. 客户流失期

在客户流失期，客户因某种原因（产品不满意、业务变动等）放弃使用企业的产品，转而选择其他企业的产品。

企业在这一阶段的主要目标是通过新产品、新优惠尽力挽回流失客户。如果客户流失了，企业要做好流失客户标记，详细记录客户流失的原因，并据此制定挽回方案，避免同类型客户再次流失。

客户的运营和留存要以客户生命周期为基础，企业需要做大量的跨部门协作工作，建立跨部门合作及沟通机制，把握各个节点，提升客户的留存率。

6.3 企业和客户共同成长

数字化时代营销的关键在于企业能否找到客户的新需求。如果企业能不断细分客户的新需求，跟上客户脚步，就能让企业与客户共同成长，而这会为企业带来最有效的业务增长。

6.3.1 如何做到有效互动

一般来说，营销团队初次接触客户时，会采用"广撒网"和"死缠烂打"的策略，即大范围发布广告信息，并且不厌其烦地给略有意向的客户发送邀约。然而，这种方式不仅效率低，往往还会引起客户的反感，让其产生逆反心理，打消之前的合作想法。如果营销团队在与客户互动时能够尊重客户的想法，反而会达到更好的效果。

一家电子厂的机器用了很多年,机器都生锈了,生产效率非常低。某天,厂长在会上宣布要重新购买一台机器。随后,许多机器制造商获知了这一消息,于是很多营销人员纷纷给厂长打电话,还有人多次给厂长打电话,他们几乎都是向厂长介绍自己的产品多么好。但是,他们的热情服务并没有受到厂长的青睐,厂长决定还是先用这个老机器,等以后再购买新的。

几个月后,其中一位营销人员再次给厂长打电话。他向厂长简单地说明了自己的意图之后,说了这样一句话:"这台机器还是挺好的,现在换很可惜。我把我的电话留给您,您要是有需要的话可以和我联系。"之后,这位营销人员就再也没有联系过厂长。这位厂长在经过深思熟虑以后决定深入了解一下这位营销人员公司的产品,最后,厂长购买了其公司的产品。

所谓"心急吃不了热豆腐"。营销工作也讲求技巧,不能急于求成,得一步一步进行。每位营销人员都希望尽快将获得的流量变现,所以会非常频繁地跟客户联系,甚至一直对客户死缠烂打,结果往往会把客户吓跑。

B端业务成交需要考虑多方面的问题,有时候,客户需要时间消化吸收,可能暂时不与营销人员联系,等有了结果自然会主动联系。但是,如果营销人员一直对客户穷追不舍,而且向客户反复讲述一样的内容,那么客户会对营销人员产生厌烦心理。这显然对双方之后的合作没有一点好处,甚至会使客户打消尝试合作的念头。

做营销不可能立竿见影,但只要坚持下去就会有回报。与客户互动是一门学问,营销人员一定要把坚持和惹人烦区分开来,不要把时常沟通变成骚扰,否则反而会让辛苦获得的客户流失。

6.3.2　制造惊喜,建立优势

"满足客户需求"已经成为许多企业的共识,但是当所有企业都奉行此道时,我们该如何建立竞争优势呢?答案是在与客户接触的过程中不断给客户制造惊喜,给予客户更多超出预期的服务。例如,企业不仅为客户提供产品,还帮助客户发掘潜在市场机会,与客户协同策划,从而提高双方企业的竞争力。

美国有一家商务印刷公司,通过为客户创造更多价值的方式建立了新的竞争优势。当时,大批量的印刷业务常被等同为一般的大宗货物进行买卖,行业内谁的价格低，谁就能签单。久而久之，市场上形成了一种恶意降价的风气，这不仅使印刷公司赚不到钱，而且产品质量也越来越差。

于是，该公司想了一个办法。该公司非常了解它的几个大客户的业务及经营理念，于是向客户提出了一系列财务变革建议，帮助其降低了运营成本。该公司具体做了以下5项工作。

（1）分析客户的核心业务：向消费者提供什么产品和服务？怎样推广产品和服务？用什么方式购买印刷产品和服务？

（2）经过分析，该公司发现，客户并没有利用印刷公司灵活、速度快等方面的优势，白白付出了很多成本。

（3）针对客户的新产品开发业务，该公司为其提供了检测、资金方面的帮助，最后成了能满足客户需求的唯一供应商。

（4）该公司还了解了客户新业务的销售情况，及其消费者的满意度，成功推动客户新业务的开发。

（5）在这次合作中，该公司向客户展示了自己更高的价值，并且与客户建立了长久、密切的合作关系，成功摆脱了价格竞争，建立了独一无二的竞争优势。

市场是不断变化的，企业想避免客户流失，并与其保持长期的伙伴关系，聪明的做法是用自己的专业去帮助客户，不断为客户提供新思路、满足其新需求。对于企业来说，帮助客户其实也是帮助自己。

6.3.3　挖掘客户的长期价值

想让客户成为企业的私域流量，不断产生复购，企业就要想办法挖掘客户的长期价值。客户的长期价值分为两个维度：一是以客户为价值感受主体，客户的价值是客户自己认识到的价值，即客户的认知价值；二是以企业为价值感受主体，客户对企业的价值是每个客户在未来可能为企业创造的收益总和，即客户的长期价值。因此客户的长期价值是企业扩大利润的关键点。很多企业习惯做"一锤子买卖"，总是在寻找新客户，殊不知这对企业业务发展的损害是致命的。

例如，企业有2000个稳定客户，这些客户与企业的平均合作时间是2年，并给企业带来了 1500 万元的净利润,那么每个客户的长期价值为 7500 元。

这意味着,每个客户可以在两年内稳定地为企业带来 7500 元的利润。这个数字是固定的,而一个新客户充满了不确定性,他可能为企业带来更多的利润,也可能带来零利润,甚至是负利润。如果企业只看到了客户第一次的价值,而忽略了客户的长期价值,就很可能会做出一些较为短视的决策,抑制利润的增长。

为什么老客户会更稳定呢?这是因为信任是逐步建立的。例如,一个玉石销售商有很多回头客,他的新客户一般只买一两百元的玉石,买了之后觉得产品不错,才会回购几千元的玉石,而一些老客户则会直接购买上万元的玉石。显然,维系老客户要更划算一点。

下面以亚马逊 Kindle Fire 为例,分析如何挖掘客户的长期价值。

Kindle Fire 是亚马逊在 2011 年推出的一款平板电脑,当时的售价为 199 美元。而事实上,亚马逊每卖出一台 Kindle Fire 都会亏钱,但亚马逊凭借 Kindle Fire 的电子书等内容,不仅收回了成本,还获得了更多的利润。亚马逊对客户长期价值的利用方式就是通过内容订阅和附加销售盈利。如果某位购买 Kindle Fire 的客户订阅了亚马逊的免费配送和电影流媒体等服务,那么亚马逊就能增加 79 美元的收入。如果这名客户继续购买更多的实体产品或软件,亚马逊初期销售平板电脑造成的损失很容易就能被追回。

亚马逊在设备上的损失达 5 亿多美元,而在后期电子书、电视节目、广告和软件上的收益足足有 20 多亿美元。

亏本销售设备是亚马逊对客户忠诚度的投资。一旦客户有了设备,他们就大概率会购买数字内容。亚马逊抓住了与设备兼容的相关数字内容这个关键点,深入拓展其价值,获得了更多的利润。凭借这样的战术,亚马逊成功地将损失转化为收益。

6.3.4 民生银行:"客户为中心"的精细化管理体系

在银行产品从固收类向权益类转型的背景下,民生银行建立了以"客户为中心"的精细化管理体系,优化了私人银行团队服务。

民生银行建立了一个由私银财富经理、私银投顾、私银产品经理组成的服务团队，除了关注客户个人需求，还根据客户的家庭、企业、社会需求，为其提供一系列高质量的金融服务。

小王是民生银行的一位客户，他的账户资金有数百万元，但是因为工作繁忙，他只把资金存为定期和活期。而他的财富经理在没有占用小王太多时间的前提下，为他定制了专属的资产配置方案，包括为家人配置重疾险、为孩子准备教育年金、为小王自己储备养老金等。

解决了基础问题后，财富经理还帮小王制订了财富增值计划。财富经理鼓励小王配置了消费、医药、科技等行业的基金，但是2020年新冠肺炎疫情暴发，股市下跌，财富经理提醒小王不可追涨杀跌。随着新冠肺炎疫情得到控制，资本市场回暖，小王的资金到年末实现了翻倍。

"长青银行，百年民生"一直是民生银行的宏伟愿景，而实现这一愿景需要银行真诚地为客户着想，与客户共同成长。

6.4 如何运营好B2B社群

社群是运营私域流量的一个重要工具，但如果只知道建群拉人，不懂得运营，那么这样的社群只能沦为广告灌水群，不能为企业带来任何价值。一个优秀的B2B社群，既要能留住人，又要能让社群成员保持活跃。

6.4.1 留存是社群运营的最终目的

留存率的高低是判断一个社群是否可以长远发展的标准。如果留存成员少，就意味着大部分成员在加入社群后，没能获得自己想要的价值，也就是说社群没能满足客户的需求。在社群构建的初级阶段，营销团队应该多关注社群成员的留存问题，而不是总想着如何增加新成员。

另外，留存成本远低于拉新成本。在流量成本比较高的B端市场中，留存客户是一个经济且高效的运营方法。如果把时间、精力放在拉新上面，反而忽略了那些忠实的老客户，这就相当于"捡了芝麻，丢了西瓜"。

留存率是影响竞争力的关键因素。现在，各个行业的同质化程度都在不断提高,在这种情况下,如果企业想要提高社群的竞争力,就要从运营效率方面入手,在相同投入的基础上,用更多的运营产出占据先机。

那些留存率高的社群格外注重为社群成员营造良好的社群氛围。社群氛围的营造要格外注重营造"三感":成就感、优越感、归属感,如图6-4所示。

图6-4 社群成员的"三感"

1. 成就感

客户能在社群中感受到自己的价值,并且能明确自己的使命,对客户来说,这个社群就是有价值的。这种成就感会成为客户长久留在社群的理由。

2. 优越感

社群成员身份认证、定制专属活动以及量身定做的等级奖励等为社群成员量身定制的活动,可以让社群成员感受到自己在社群里的地位,从而产生强烈的优越感。

3. 归属感

社群成员除了可以从社群中汲取价值,还可以参与平台建设、推广运营。必须有一件需要社群成员一起完成的事,才能加深社群成员彼此之间的感情,继而使他们产生共同的目标和存续的动力。社群成员的凝聚力强,才能增强社群的活力。

6.4.2 建立成员成长体系

任何社群都有生命周期。通常来说,如果一个社群管理不当,用不了多长时间就会沦为广告群或灌水群,因此营销团队必须为社群建立一个可以不断涌入新鲜血液、沉淀优质内容的成员成长体系。一个完整的成员成长体系一般会涉及以下要素，如图6-5所示。

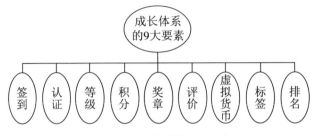

图6-5 成长体系的9大要素

这9大要素都有自己的作用：签到和认证可以增加成员黏性；等级有利于帮助成员匹配相应的权利和要求；积分是评判等级的一个量化标准；奖章和评价是激励方法，也是评判成员参与度的标准；虚拟货币可以实现资源交换；标签可以简化成长体系；排名可以展现成员在社群中的位置。

明确上述9大要素及作用后，营销团队就要具体进行成长体系的搭建工作，具体有以下5个步骤。

1. 选好奖励

奖励要根据社群运营的实际情况不断变化。奖励太大会使社群的运营成本增加，甚至会出现弄虚作假的情况；而如果奖励太小，又起不到激励的作用。

奖励根据实际情况而变化，会引起成长体系内部的变动。如果成长体系总在变化，则会降低成员的积极性和黏性。所以运营团队要在一段时间内设定一个固定的奖励机制，不要使奖励太频繁地变动。

2. 建立一个多维度的等级评分制度

成长体系的评判维度不应是单一的，而应是多元化的。对此，营销团队需要特别注意两个方面：一是量化计算要有模型，也就是说在计算成长体系积分和成长值的时候，必须要有量化模型，只有这样才可以使计算结果更加准确；二是要让群成员对自己的成长路线有规划，摆正自己在社群中的位置以及明确自己的贡献。每位成员都朝着自己的目标不断努力，才能为社群创造最大的价值。

3. 培养老成员的责任感和归属感

留存比拉新更重要,因为留存才是建设私域流量的基础。对此,营销团队要把重心多放在维系老成员上,培养他们的归属感,增强成员的黏性。要让这些老成员对社群产生依赖,让他们觉得在社群里待得越久就能获得更大的价值。

4. 保证规范度和参与度

一个优秀的成长体系必须要有规范度。也就是说,无论社群成员的等级或者贡献度有多高,任何社群成员都要遵守社群规定,一旦违反规定,都必须受到严肃处理。保证社群的规范度,可以增强社群的专业性,也能保证后期社群其他活动更顺利地开展。

参与度是保证社群活跃度的根本,如果社群活动没有成员参与,那么这个社群也基本没有存在的价值了。对此,营销团队可以设定两个保证参与度的制度:一个是激励制度,另一个是上线制度。例如,经常参与社群活动的成员会得到奖励,而那些长期不在群里发言的成员则会被移出群。

5. 激励要感知,体系可持续

如果成员升级了或者获得了奖励,营销人员可将相关信息在群内公开,以吸引更多社群成员参与活动,在公开信息时,最好设计一个有特色或者新颖的方式。另外,成长值的提升要求不要设置得过于简单,如果点个赞就能升一级,那么将很难让社群成员产生动力。

体系可持续是指在设计成长体系时要考虑体系的可拓展性。营销团队在测算成长体系的时候,要考虑是否给社群成员留下了足够的成长空间,不能在组织了几个活动以后,就让全体成员满级。最后,社群成员的等级要能及时调整,避免出现等级长时间不变或降级后迟迟不恢复的情况。

6.4.3 为成员提供持续性价值

很多营销团队在拉新的时候可能都遇到过这样的问题:社群成员没一个人愿意帮忙分享,拉新效果不理想。那么营销团队要如何调动社群成员主动分享社群内容的积极性呢?

俗话说："无利不起早。"为社群成员提供高回报无疑是一种最简单高效的促活方式。营销团队想要社群成员主动分享社群内容，就要先思考这能为社群成员带来什么。然后针对社群成员的痛点进行推广，并让成员得到相应的回报。

例如，支付宝曾发布"无现金推广计划"，希望推动中国进入无现金社会。在活动期间，用户每天用支付宝在线下首次消费超过2元，就能获得奖励金，并在消费时直接抵扣。这个活动覆盖超市、影院、医院、交通等各个领域，用户在活动期间使用余额宝付款，还有机会实现奖励金翻倍，最高能获得999元。

支付宝的这个推广活动，直接提升了用户使用支付宝的频率，而且现金红包直接抵扣的方式非常人性化。用户在这个活动中切实得到了利益，自然愿意将其推荐给亲戚朋友，支付宝就这样完成了自己的推广任务。

虽然推广过程中大量的营销广告有些惹人厌烦，但以最终效果来看，支付宝的这个推广活动还是非常成功的。

那么，回报是无条件发放给社群成员的吗？答案是否定的。以邀请机制为例，有效邀请人数需要达到一定数量才可以得到奖励。例如，有效邀请5个人可以换取一张优惠券，有效邀请10个人可以换取一本书等。群内可以设置专人记录邀请人数或者让社群成员提供凭证，这样有直接的数据作为凭证，不仅更有说服力，显得公平公正，还可以在事后把获奖人员公布在群里，以此来激励其他社群成员进行分享。

6.4.4　常发红包，提升社群活跃度

发红包是提升社群活跃度最常用的办法，那么如何才能让社群红包实现价值最大化呢？具体有以下6个建议。

1. 师出有名

有些群主每天按时往群里发红包，美其名曰活跃气氛。这会使很多群成员只专注于抢红包使社群成为红包群，不利于激发成员的价值。

在社群中发红包要师出有名。例如在中秋、国庆、春节等节假日发红包最

为合适,因为这个时候社群里大部分人都在休假,社群的活跃度也很容易被带动起来;有"大牛"入群或者要发布重要通知时,可以发个红包,变相地提醒大家注意。

而过于频繁地发红包,只能导致红包的价值下降,而且在工作时间段内发红包,很容易被上班人士忽略,即便他们抢了红包,也只是匆匆看一眼而不会在群里多做停留。

2. 最好让人人有份

红包的金额要怎么设置呢?过大的红包会增加运营成本,过小的红包又达不到激励成员的效果。一般红包金额的设置不要太高,最好让人人有份。

因此群主可以设计一个小红包,采用多人随机分配的形式,尽可能活跃群内气氛。

红包的运营规则就是抢,一个500人的群,可以设置只让50个人抢到,没有抢到的人也因此多了一个话题。如果是50人的群,最好做到人人都可以抢到,抢到的金额多少就成了一个话题。

3. 定向发红包

如果社群里有人做了特殊的贡献,群主可以给其定向发红包。例如,有人在平时默默帮助群主维护社群秩序,群主可以在一个特定的日子为其发一个大红包,让其知道自己的付出可以被群主看到。再如,有人工作完成得出色,群主要马上发红包打赏,不要过后再奖励,以至于削弱了激励效果。

4. 启动红包连锁模式

很多群主都想拉一些行业"大牛"加入社群,这时红包就成为一个有效的武器。例如,群主可以给行业"大牛"发几个大红包,这样即使群主不主动联络他,微信后台的赞赏数据也会反映给他。这种方式是与客户建立联系的最直接的方式。

再例如,当有人想向专家请教问题时,事先发个红包可以体现为知识付费的态度。而专家也会将问题解答作为一项工作而认真处理。

5. 在正确的时间发红包

发红包是要注意时间的，一般早上发红包最不好，因为领完了大家马上要进入工作状态，很难有心情互动。中午午休、下午临近下班、晚上9点以后以及节假日都是大家空闲时间比较多的时候，这个时间发红包，参与人数也会比较多。另外，正常的休息时间前最好不要发红包，因为很可能会打扰大家休息，使社群成员产生不满情绪。

6. 巧设规则让红包成为激励的武器

有些社群为了活跃气氛，发起红包接龙，如抢到最大数额红包的人继续发红包，这个游戏可以玩很久。除此之外，发红包的规则还有很多，最常见的有以下几种。

（1）分享红包

社群成员在社群里分享内容，如果其他成员觉得是干货，就可以给分享者发红包表示感谢。

（2）任务红包

这种红包多见于学习型社群。例如成员没完成每日任务，需要给大家发红包以示惩罚；或者群主设置奖励红包，每个月的任务进度为100%的人可以在月底平分红包。

（3）禁言红包

QQ群有禁言的功能，一些违反社群规则的成员会被群主禁言。如果这些人想要再次发言，就需要往群里发一个红包，请求解禁，这也是一种有序的规则。

（4）含义红包

含义红包是指红包可以被赋予特定的含义。例如，节日里发的祝福红包，金额一般都是6.66元或8.88元，用数字的谐音讨一个好彩头，很多人都会喜欢。

6.4.5 社群专属礼品，强化品牌认知

发红包、小礼品是常用的社群促活手段。但是这些手段都存在一些缺陷，

例如专属度低、无法使社群成员产生归属感。这样即使送出的礼物再贵重,也无法强化社群成员对社群的印象。

为了弥补缺陷,社群应当设计专属的礼品以增强这个礼品的独特性。相比于现金、实物,社群专属礼品的价格不一定要非常高,但一定要突出社群的特点。

1. 社群周边产品

印制有社群 Logo、口号的主题 T 恤,马克杯,雨伞等都可以作为社群的周边产品。社群成员在使用这些产品时,能随时看到社群的烙印,不断在脑海中强化"这是社群的物质激励"这一印象,使其逐渐在脑海中形成归属感。而且,这些产品的成本一般不会太高,很适合量产,因此很适合在社群中大范围赠送。

另外,虽然社群周边产品成本不高,但要尽可能具有实用性,让社群成员频繁使用。束之高阁的专属礼品,即便设计得再优秀、再契合社群的特色,也无法让人留下深刻印象。

2. 虚拟类社群专属产品

除了实物产品,虚拟类专属产品也具备激励的效果,特别是对于社交类、培训类社群来说。例如,"天涯户外"是郑州、洛阳等城市的户外类社群,在很多城市都具有极高的人气。除了定期举行骑行等活动,"天涯户外"还为社群制作了专属的电子相册,其中包括活动展示和每个人在骑行过程中的特写抓拍等。精美的电子相册很受社群成员欢迎,许多人都将照片冲洗、打印出来,作为自己的收藏品。

同样,培训类社群也可以制作社群的专属电子资料文档,为社群成员提供更系统的培训教程。

从一定意义上说,虚拟类产品具备"物质 + 精神"的双层驱动力,而且能长期保存,非常适合作为社群的专属礼品。

随着社群成员的沉淀、社群文化的形成,带有社群特色的专属奖品才是最佳的社群福利。

6.4.6　举办活动，提供社交场景

社群里的成员因网络聚在一起，线上是他们日常交流的主阵地，因此合理安排线上活动也是日常运营的重要组成部分。如何做线上运营，才能充分调动社群氛围，保证社群的活跃度呢？

预热是所有活动流程的第一步，优秀的预热流程应该是什么样的？答案是要量化，即分好节点，在每个节点设置目标并把细节一一罗列出来。然后为每一个环节设置责任人，还要规定具体的时间点，保证后续活动的每个环节随时都有专人负责。

活动开始的时间一般设置在晚上 8 点，在这个时间，大多数人已经下班并且吃完晚饭，正好有空闲时间。但是活动不能突然开始，要给社群成员准备的时间，所以预热可以安排在 7 点半到 8 点之间。利用这半个小时的时间对整个活动做一个简短的介绍和说明，也给社群成员一个相互提醒的时间。

发布活动预告的时间要比预热的时间更早，营销团队可以在下午时发布第一次活动预告，在 7 点时发布第二次预告，在预热时发布第三次预告。这样做的目的是反复提醒社群成员今天社群中有活动。

活动预热要为活动留足悬念，例如可以公布几位参与活动的大咖姓名，公布活动的主题，或者说明活动将带来的价值等。总之，预热时要说一半藏一半，以此来调动社群成员对活动内容的好奇心。

预热进行到一半时，营销团队可以往群里发一些小福利，例如开展抽奖或者发红包。因为这时 7 点半准时入群的成员马上就要失去热情了，这些小福利可以调动社群的积极性再次唤醒他们的热情。营销人员还可以再往群里发一句话："凡是抢到红包的请发送 1"，这时抢到红包的人就会不自觉地继续参与活动，并且会保持活跃。

另外，还可以制定一些具体的活动规则，以便活动有序进行。例如，有人非常活跃，喜欢"接下茬"，这样虽然能让活动氛围更热闹，但却影响了其他人的观感，不利于活动的整体推进。对此，营销人员就可以在活动规则里明确说明"大咖"或老师做分享时不要打断或发无关的消息，如果有问题可以在规定的互动时间提出。

这样的活动纪律可以让社群活动更专业，同时也利于相关人员的管理。专

时专用也是线上活动的一种仪式感，这样能让社群成员觉得自己是在参加一个活动，而不是单纯地线上聊天。这种正式的感觉会让更多的社群成员愿意参与进来，同时能保证下一次活动的参与度。

活动的最后可以设置互动环节，让社群成员与"大咖"直接交流，满足其粉丝心态，这样就能减少中途退出的人数。因为前面的正式分享环节对发言做了一定限制，所以这个环节通常会比较火爆。但这个环节的时间不能太长：一是因为"大咖"的时间有限；二是社群成员不可能一直提问，时间留得太长，很可能会冷场。所以，为了活动能持续保持活跃，营销团队最好只留10到20分钟的互动时间，这样既回答了大部分问题，又可以让一些成员留有遗憾，为下一次活动造势。

活动的最后，营销团队可以再发一次福利，这次的福利可以较预热时的力度大一些。这样做的目的是测试哪些人全程参与了活动，以减少下次活动中途退出的人数，因为他们通过这次活动知道了更大的福利都在活动最后。

第7章

客户关系管理：提升企业与客户交流能力，最大化收益率

简单来说，客户关系管理就是管理企业与客户的关系。那么，什么是客户关系？To B 企业又应该与客户建立什么样的关系？这些都是值得思考的问题。如果 To B 企业与客户的关系仅仅是提供产品与获得产品的关系，那么这样的关系是不长久的。只有基于客户关心的问题和需求，做好服务并与客户建立长久的联系，To B 企业才能实现收益率最大化。

第7章 客户关系管理：提升企业与客户交流能力，最大化收益率

7.1 向To C企业靠拢，做有温度的服务

很多To B企业在开展业务的时候都是公事公办的态度，即按照既定流程获客、签单、生产、交付，很少注重服务。这是不利于企业发展的，因为与客户接触的过程是宣传品牌、建立口碑的最好时机。对此，To B企业也可以像To C企业一样，通过个性化的服务，与客户建立情感联系，从而打响企业品牌。

7.1.1 建立客户档案，洞悉客户需求

为客户建立档案，即按时更新、整理客户资料。这有助于To B企业更了解客户，明确客户的需求变化，从而为其提供个性化服务。建立客户档案的步骤，如图7-1所示。

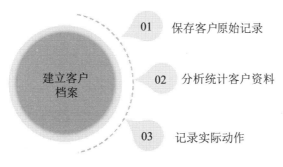

图7-1 建立客户档案的步骤

1. 保存客户原始记录

客户原始记录指的是客户的基础资料，包括个人和组织资料、服务关系历史记录等。

（1）个人和组织资料

个人资料包括客户姓名、地址、电话、电子邮箱、年龄、学历、职业、家

庭状况、爱好、收入等。组织资料包括组织名称、性质、所在地、往来的银行、通讯地址、电话、资本额、职工人数、经营范围等。

（2）服务关系历史记录

服务关系历史记录包括客户与企业取得联系的方式，客户对产品第一次反应的时间，会谈记录，信函，客户再接受服务的时间、地点、条件、价格，物流方式等。

2.分析统计客户资料

这里的客户资料指的是通过客户分析或信息咨询得到的第二手资料，包括客户对产品的评价、客户履行合同情况、其他竞争者服务情况、客户需求特征、客户潜力分析等。

3.记录实际动作

实际动作主要是指企业团队与客户联系过程中发生的动作，包括销售人员与客户联系的时间、地点、方式，联系客户的费用开支，给予客户的优惠，为客户提供的支持（为客户提供配套的零配件等），为争取和留存客户所付出的其他行动和成本。

客户档案管理不仅是收集、存储客户的信息，更重要的是分析整理这些信息，让其为企业所用。完善的客户档案是企业的一笔财富，它不仅在维持与客户的关系方面有着重要作用，还对各个部门的运营（生产、财务、营销、销售等），甚至企业总决策有着重要意义。

7.1.2 追踪客户数据，提供个性化服务

除了建立客户档案，企业还要学会利用大数据分析给客户提供更贴心的服务。当客户浏览网站、观看视频、发送邮件时都会产生大量的数据，企业要做的就是从客户的这些行为中获取自身需要的有效数据，不断积累客户数据，最终实现客户增长。

亚马逊作为全球知名的电子商务公司，便是通过整合营销、精准定位客户行为的方式获得数据，最终成为全球互联网巨头之一。例如，如果一本历史类

第7章 客户关系管理：提升企业与客户交流能力，最大化收益率

书籍在亚马逊商城上架，亚马逊会按照如下流程对其进行推广。

首先，亚马逊会挑选出购买过该历史类书籍的客户，同时举办"你最喜爱的历史书籍"投票活动来确定潜在客户。

其次，亚马逊对目标客户群体的行为特征进行分析，制定恰当的促销方式。例如，网页浏览痕迹显示客户更倾向于选择价格低廉的配送方式，这说明客户期望配送费便宜，因此推广时适合采用"购买该书籍免运费"的方式。

最后，亚马逊会对客户的反馈信息进行记录。例如客户是否收到推广邮件，是否打开邮件，是否进入销售界面等，这些数据有助于日后推广活动的开展。

亚马逊通过多种方式对客户数据进行积累，使其转化为一种独特的营销方法，持续不断地为客户提供个性化服务，让客户获得更优质的服务体验。具体如图 7-2 所示。

图 7-2　为客户提供个性化服务的技巧

1. 多维度分析

针对不同维度的营销活动，就要侧重分析不同的客户数据，包括客户的地域、性别、年龄等，从而实现精准营销。例如，目标客户大多居住在北京市东城区，那么线下活动的地点就要选在北京市东城区。否则即使优惠力度再大，很多客户也会因为路途遥远而放弃参加活动。

2. 数据量化

量化的数据包括客户的浏览历史记录、购买产品的价值、购买次数、最近一次的购买时间等。这些量化的数据可以使企业判断出客户的价值、客户接受信息的难易程度以及客户对产品的喜爱程度，进而制订正确的营销计划，有效提高客户的转化率与购买率。

3. "打分"功能

企业的营销渠道应该添加"打分"功能，它能直观分辨出客户的喜好程度，从而避免无效推广，节约人力、物力资源。

全球知名的女性品牌多芬推出过一则经典的个性营销广告："You are more beautiful than you think（你比想象中更美）"。

多芬的目标客户是18岁到30岁的女性。这个年龄段的女性要完成多次身份转变，即从学生到妻子，再到妈妈。她们的情感很容易波动，因此有情感共鸣的产品更能打动她们。

经过一段时间的策划以后，多芬请来美国罪犯肖像艺术家萨莫拉，还找来7位女性，由7位女性描述自己的外貌，再由萨莫拉依据这些女性的口述画出画像W。然后，多芬找来7位陌生人，让她们描述这7位女性的外貌，并由萨莫拉画出画像M。

画像W的描述大多带有悲观的观点，例如"我的眼睛太小了""我的鼻梁太低了""我的脸太圆了"等。

画像M的描述则乐观得多，例如"她的嘴唇很性感""她的脸蛋很可爱"等。画像W和画像M如图7-3所示。

图7-3 左边是画像W，右边是画像M

女性很容易低估自己的美丽，而实际上，她在别人的眼里比自己所认为的更美丽，所以，女性要相信自己的美丽。针对这个观点，多芬推出了广告"You are more beautiful than you think（你比你想象中更美）"。这则广告给予不自信的女性们坚定的鼓励。

如今，广告形式越来越多样化，如何在多样的营销方式中找出最适合客户的方案才是企业需要重视的问题。而通过精确的客户分析，追踪客户的行为，生成最适合目标客户个性营销方案，可以提升客户的体验。

7.2 加强企业之间的联动

B 端产品的受众不像 C 端那样广，所以如果 To B 企业想获得更多客户，就要在行业内打响品牌。对此，To B 企业需要注重加强企业之间的合作，与客户企业互利共赢。

7.2.1 建立良好的人际关系

在我国的商业领域中，人的作用是不可忽视的，企业间的合作也要建立在良好的人际关系的基础上。俞敏洪说过："你要想知道你今天究竟值多少钱，你就找出身边最要好的 3 个朋友，他们收入的平均值，就是你应该获得的收入。"

企业经营者的人际关系也间接影响了企业的获客能力。那么有什么办法能在行业内建立良好的人际关系，并为企业找到能引荐资源的人呢？可以参考以下 10 种方法，如图 7-4 所示。

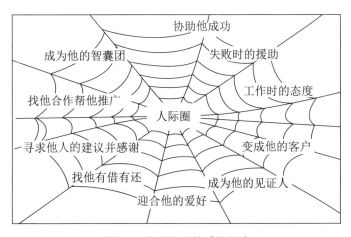

图 7-4 建立人际关系的方法

1. 协助他成功

人们都想寻求比自己层次更高的人脉资源，但如果自己是个"小白"，要如何认识"大牛"呢？我们可以换个角度思考，如果对方对合作不感兴趣，我们可以打着协助他成功的旗号继续接触他，只有持续接触，才有机会与他建立联系。如果我们本来就有一些资源，如能力、人脉、资金等，那么就能更快速地与"大牛"建立联系。

2. 失败时的援助

在有潜力的人失败时，为其提供援助，也是一个建立人脉的好方法，但这需要我们有慧眼识珠的眼光和境界。例如，软银的孙正义在阿里巴巴成立初期投资的 2000 万美元，让他在阿里巴巴上市后重回日本首富的位置。

3. 工作时的态度

能力是决定一个人是否值得结交的重要因素，工作态度则是一个人能力的外化表现。如果一个人工作业绩出色，却消极怠工、自以为是，那么他就不算是有能力。因为这样的人不稳定，能做好业绩，同时也很容易出错。因此工作态度往往是展示自己的能力、结交人脉的关键，毕竟人们更希望和稳定且优秀的人合作。

4. 变成他的客户

直接成为想要结交的人的客户，是一种最快拉近双方关系的方法。许多行业专家会在不同的平台讲课，这时我们就可以先成为他的学生，再成为他的朋友，进而和他建立更深层的关系。另外，现在网上有很多渠道可以付费和名人约见，我们也可以尝试一下这种方法。

5. 成为他的见证人

行业专家的出名也是需要过程的，这个时候就需要有人见证。如果我们能成为他的特别事件见证人，我们就能与他建立更紧密的关系。例如，从古至今，名师和高徒总是一起出现，二者能互相抬高对方的地位。这说明见证是相互的，"大牛"能帮助"小白"出名，同时"小白"的出名也是对"大牛"名气的佐证。

6. 迎合他的爱好

从前有一个保险销售员，只销售最贵的保险，而且总能成功。他是怎么做到的呢？他每天往返于城市里各种最高档的消费场所，收集了许多上层人士的信息。当他做完这件事后，就在目标客户经常出现的几个地方与其穿着相同的衣服"偶遇"。反复几次后，客户发现该销售员与自己志趣相投，就主动和他成了朋友。这样，该销售员不仅可以借机向客户销售最贵的保险，而且还拥有了一个可以给自己介绍资源的好朋友。

7. 找他有借有还

借物也是一种迅速与他人建立联系的方法。例如，上学时想结识新同桌，我们经常会故意找对方借支笔或橡皮，在一借一还的过程中，双方自然就有了交流。

8. 寻求他人的建议并感谢

除了借物，还可以借智慧，也就是寻求他人的建议。然而借智慧同样也需要有借有还，否则就成了廉价的骚扰。在寻求完他人的建议之后，一定要向其表示感谢，可以发送感谢信息或者感谢红包，这样不仅可以使双方建立更优质的关系，还能与对方产生二次联系。

9. 找他合作帮他推广

朋友圈需要时常维护，这里的维护是指朋友间的互相帮助。与对方的项目合作或者帮助他推广，是与对方建立强关系的绝佳方法，也能为自己未来的发展提供帮助。

10. 成为他的智囊团

在寻求他人建议的同时成为他人的建议者，能帮助我们与他人拉近距离。任正非曾写过一封内部公开信提拔一位员工，原因是这个员工敢讲真话，帮企业树立了良好的价值观。

大到企业，小到个人，那些与自己关系匪浅的伙伴都不只是会趋炎附势，反而大多都是真诚相待。适时提出合理意见，帮助对方规避风险，是加强关系的明智之举。

7.2.2 打破资源壁垒，整合资源

资源壁垒是制约企业发展的一个重要因素。为什么有的企业成立了很长时间，但增长速度一直很缓慢，这是缺少资源或资源分散导致的。这时，企业就需要整合自己的资源，并让控制一方资源的人为企业"充值"。

资源是指企业拥有的物力、财力、人力等各种有助于企业发展的要素。如今是信息爆炸时代，人们获取的信息大多是碎片化的，因此企业拥有的资源大多是分散的。企业资源分散会导致企业内容碎片化、客户体验感差、人工成本高，因此企业无法创造可观的收益。

例如，一家影碟商店和路边流动摊位卖影碟的小摊贩，二者的收益会有明显不同。前者的店里贩售各种类型的影碟和唱片，可以满足不同类型客户的需求，另外还能提供包装等服务。后者与前者销售的产品虽然是一样的，但往往种类不够齐全，而且没有包装，消费体验感也会略逊于前者。因此后者的客单价和收益就会比前者低很多。然而，如果把多个卖影碟的小摊贩整合在一起，就可以组成一家影碟商店，收益自然就变高了。

同样，企业运营也是如此。真正的管理者最擅长的应该是整合资源，而不是创造资源。那么，如何整合资源呢？不一定自己必须拥有许多资源，只要自己能用就够了。也就是说，让控制一方资源的人为企业发展助力，并结合自己现有的资源，突破企业的发展瓶颈。

资源整合的核心是共享，用自有的资源低成本换回自己缺的资源，实现现有资源的利益最大化。整合即借力，善用彼此的资源，创造共同利益。资源整合是企业发展的"原子弹"，这个"核武器"可以帮助企业获得百倍甚至千倍的能量。

如今，中小企业已经从创业时代迈入了整合时代，资源整合就是企业爆发的一个关键节点。牛根生说过，一个企业90%的资源都是整合进来的。创造资源难，整合资源却很容易。因此资源整合是企业发展的一条捷径。

资源整合的前提是发现资源，也就是找到那个控制一方资源的人。然后对

这些资源的可用性进行分析，分析出哪些是一次性的，哪些是能反复利用的；哪些是贬值的，哪些是正在升值的；哪些是大众的，哪些是独家的。分析过后列出清单，再与自己的资源一一对应，找出所需的，剔除不需要的，这样才能找到帮助企业发展的关键资源。

任何一个商业项目在开始时拥有的资源都很少，甚至一无所有，因此企业发展过程中的每一阶段可以整合的资源都是不同的。每一次资源整合都是一次完善企业的过程，也会推动企业发展到一个新的节点。

7.2.3 资源置换，双向共赢

企业之间通过交换资源来互相宣传，以达到共赢的目的，这就是资源置换的初衷。相比于直接买流量，资源置换的成本比较低，因此资源置换会贯穿于营销推广的任何一个阶段，特别是当企业拥有了第一批客户之后。常见的资源置换方式有以下几种。

1. 业绩合作

大企业一般会有专门负责资源拓展的人员，且需要 KPI 去量化工作结果，一般的考核指标是"月均上线 N 个合作"。也就是说，大多的资源置换合作都没有明确目的，仅是数量上的要求。常见的合作方式是小企业蹭大企业热度，或是小企业和大企业共同给客户送福利。

2. 效果合作

网站上的友情链接和微信公众号的互推都属于效果合作，目的在于快速地引入流量。对于中小企业来说，效果合作是解决燃眉之急的最好方法。它相当于在别的企业平台上接了一个流量入口，很快就可以获得收效。但是这很容易造成刷量造假的一次性合作，很少能留住客户。

3. 品牌合作

资源置换的最终目的是实现"1+1>2"的效果，最终使合作双方的品牌在曝光和口碑上取得双赢。如果 To B 企业的品牌在某些领域已经有些知名度，那么 To B 企业就可以尝试开展品牌合作了。常见的合作模式有活动合作、福利合作和定制合作等。

既然资源置换贯穿企业发展的每一个阶段，那么它的具体步骤是什么呢？

首先，企业需要明确现阶段的发展目标是什么，例如是促活、拉新，还是品牌宣传。而且，企业最好确定一个相对量化的目标。这一步决定了资源置换的方向，而方向决定工作效率。

其次，企业要梳理现有资源，明确自己有什么。例如梳理企业的基本情况、对外合作资料、资源底线、资源排期等。企业要以周为单位细分行业，以天为单位细分渠道，这样既能提高效率和 KPI，又方便进行阶段性总结。

最后，所有的准备工作完成后，就可以去谈合作了。合作时又有哪些常用方法呢？

1. 友情合作

友情合作就是利用自己的人际关系为企业换取资源。因此很多大企业在招聘资源拓展岗位时会要求求职者自带人脉资源，以便于他们上岗后能够迅速为公司带来利益。

2. 需求撮合平台

需求撮合平台是指在领域内一些常用平台发布合作帖子，等对方主动联系。同理，看到其他企业发布的帖子，企业也可以主动去联系。一般发布的帖子对需求描述得越精准，找的资源也就越精准。

3. 圈内社群

一般行业内部都会有企业管理者聚集的社群，加入这些社群也很有可能找到合作机会。但这种方法仅限于一些优质的社群，那些鱼龙混杂、充斥着中介和伪商务人士的社群，就没必要浪费时间加入。

4. 商务邮件

很多企业每天都会收到大量的商务邮件，但很多邮件都错漏百出，有的甚至连企业名称都写错了。还有的邮件没说明意图，只留了一个微信号。这种显然是群发的邮件，自然不会引起合作者的兴趣。但如果企业的邮件很用心，则很有可能脱颖而出。

好的商务邮件都具有来意明确、表述清晰、有礼貌、注重礼仪等特点，有的还会附上项目介绍和简单的策划方案。对方如果收到这样的邮件，即使不合作，也不会怠慢地直接把邮件删除。

建立联系是合作的开始，只有摸清对方的利益点，才能精准地促成资源置换合作。小企业要积极和大企业合作，合作不仅能为小企业带来流量，还会带来大企业的背书。不管大企业提供的是实物产品、优惠，还是资源位，都能帮小企业增加自己企业品牌的"底气"。大企业也不要直接拒绝与小企业合作，只要不违背自身的品牌形象与客户定位，就可以利用这些小企业推广自己的产品，从而为企业积累资源。

7.2.4 "微课中国行"：提升品牌形象，增进交流

随着移动互联网的发展，碎片化学习成了人们提升职业素养的重要方式，而在此基础上形成的微课也受到人们的广泛欢迎。为了顺应这一趋势，云学堂发起了"微课中国行"公益赋能活动，赋能企业学习，助力个人成长。

在活动期间，云学堂走进成都、北京、广州、上海、南京、苏州等10个城市，邀请了多位微课领域的专业人士进行分享，为近400家企业的培训人员进行免费的现场微课开发和设计辅导。

截至2021年，云学堂"微课中国行"已连续举办了6届。从2018年的让大众认知微课，到2020年的促进人才和企业实现学习管理，这些微课大多基于企业应用场景，解决具体问题，在帮助企业提升品牌、降低成本、提高效益等方面，具有重要的作用。除此之外，云学堂还免费提供制作工具"绚星微课"，并通过线上教程和线下沙龙，传授微课制作经验。云学堂"微课中国行"也因此成为业内认可的专业赛事。

举办类似于"微课中国行"这样的大规模赛事是促进行业交流、传播品牌的好办法。它可以帮助企业在行业提高认知，还可以实现广泛获客。但举办这样的赛事需要耗费很多资源，如权威媒体资源、专家评委、巨额奖金等，否则很难在行业内掀起波澜，所以现在能做行业赛事的企业大多都是华为、腾讯、

阿里巴巴等巨头企业。

既然举办赛事有一定难度，To B 企业可以选择参加知名赛事以加强与其他企业的交流。虽然这不如举办赛事的宣传效果好，但若是能在行业认可的赛事中获奖，也可以证明企业的实力。

7.3 做好全流程服务

要留存客户，To B 企业就要建立起全流程服务机制，不能只注重获客，不注重服务，更不能"闭眼"做服务，不注意客户需求和行为的变化。为了和客户建立更亲密的关系，To B 企业应该增强团队服务意识，提高服务效率，改善服务水平。

7.3.1 迅速处理，提高服务效率

在激烈的市场竞争中，企业要想长期盈利、发展壮大，就要用优质服务赢得客户的心，提高客户满意度，使其成为企业的忠诚客户。海尔、格兰仕等品牌之所以倍受消费者青睐，优质的服务是很重要的一个原因。

企业生存和发展的必要条件就是向客户提供优质的产品与服务。科技的发展使得产品质量越来越高，但产品不可能是完美的。客户使用方法错误、环境影响等原因都可能使产品发生各种问题，即使是最优秀的企业也曾遭遇过客户投诉。所以完善服务质量、及时处理客户问题，便成了企业需要关注的重点。

一位美国学者的研究表明，如果企业没有很好地处理客户投诉的问题，一半以上的客户会转向企业的竞争对手进行产品消费；如果投诉得到了解决，将近 70% 的客户还会继续支持该企业；如果投诉被迅速、及时地解决，支持该企业的客户会高达 95%。因此完善服务是留住客户的重要措施。

某家做教育信息化的企业，在客户维护上花费的人力和精力比较多，客户的任何需求都可以得到快速响应。这样的深度化服务也使该企业收到了许多客户关于产品功能上的专业建议，一些实力雄厚的大客户还投入团队帮助该企业就某个产品进行功能的迭代和服务的优化，实现了双向共赢。

对于客户的问题，企业应迅速做出反应，了解具体情况，并给予有效处

理。企业处理问题的效率高,既能让客户感觉到自己被尊重,又能表明企业想要解决问题的诚意,同时还可以有效遏制企业产品口碑的负面传播,将损失减至最小。

有些企业对于客户的问题不仅没有积极反应、尽快解决,还逃避问题或敷衍客户。这样只会惹恼客户,使得客户为了维护自己的利益不得不采取更严厉的手段。营销或销售人员在问题处理上的不负责任,可能对企业名声造成无法挽回的后果。所以,企业对于客户的问题一定要重视,迅速处理、不拖延,这样不仅能使企业的损失降到最低,还能进一步赢得客户的信赖。

7.3.2 优化沟通管理,增加有效沟通

客户沟通管理是客户关系管理中的一个重要环节。这个环节以加强联系为核心,利用相关技术实现销售、服务等环节的自动化,并收集、管理、分析客户信息,帮助企业拉近与客户的距离。

一般情况下,为了最大限度满足客户的需求,企业希望与每个客户都建立联系,对他们进行深入了解。企业可以建立客户关系管理体系,并在此基础上为客户提供"一对一"的个性化服务,这样能够以较高的效率实现和客户的沟通。

另外,客户关系管理体系还可以加强企业与客户之间的互动,帮助企业收集客户的反馈意见,解决客户遇到的问题,最终与客户建立良好的关系,产生更多的销售机会,提升盈利指数。企业建立并完善客户关系管理体系,需要从以下两个方面着手。

(1)重视与客户的战略沟通。由于受到主观或客观因素的影响,企业与客户之间容易出现承诺和期望不一致、沟通效果差等问题。企业需要在认真分析的基础上,制定争端协调机制,从而实现沟通的有效性。

(2)企业应该通过已经掌握的数据,分析客户的特征与消费习惯,以便更好地满足其需求。同时,企业可以统计客户提出的建议与意见,在此基础上优化运营机制。

在客户沟通管理方面,小米建立了名为"米柚"的论坛,这是一个重要的客户集结阵地。有了"米柚"之后,客户只要有任何想法或者意见都可以在上面发表。如果某一位客户的建议非常合理,那么其他客户就会把这个建议顶起

来，让小米的工程师或者管理者能够看到；而如果客户的创意不靠谱，那么这个创意很快会被其他客户的创意覆盖。

"米柚"的建立不仅对客户之间的沟通大有裨益，对于小米的设计人员来说也有非常高的参考价值。"米柚"每天会自发产生20多万条帖子，小米设置了专门的运营人员归纳处理这些帖子，从中分门别类地提取出最有价值的200个。

凡是被提取出来的帖子，后面都会有跟踪信息，例如，哪一名工程师正在处理这个帖子、帖子是否被采纳，如果被采纳，什么时候能够改好等。在客户关系管理体系的助力下，企业可以减少决策所需的时间和精力，也可以消除与客户沟通时的不确定性，同时还可以让客户充分了解企业的实际情况，增强其对企业的信心与忠诚度。

7.3.3 提高回访服务质量，维系客户关系

海尔空调一直为客户提供免费送货、安装以及咨询服务，并且在安装1个月内进行两次回访，确保每个客户的空调都能正常使用，让客户"只有享受，没有担忧"，这使其销量在我国名列前茅。海尔集团总裁张瑞敏说："市场竞争不仅要依靠名牌产品，还要依靠名牌服务。"

客户回访是企业调查客户满意度、进行客户关系维系的一种手段。由于回访过程中回访人员与客户进行了更多的沟通交流，因此完善了客户数据库，为交叉销售、向上销售都做了良好铺垫。

企业把客户回访做好了，可以极大提升客户对服务的满意度。To B 企业注重客户的重复消费，客户回访不仅能使企业得到客户的认同，还延伸了客户价值。

客户通常对于有知名度或者认可其诚信度的企业的客户回访比较配合，愿意说出自己的真实想法，提出具体意见。如果企业没有什么名气，而回访又做得不好，就很难得到客户的真实反馈，甚至对企业和产品造成负面影响。

客户回访是产品销售的保养剂，那么企业应该如何进行客户回访呢？如图 7-5 所示。

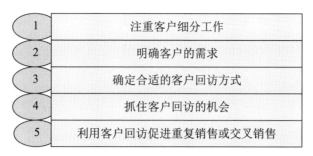

图7-5 企业如何进行客户回访

1. 注重客户细分工作

在回访客户之前，回访人员可以根据企业的具体情况对客户进行细分。将客户分类之后，回访人员要对不同类别的客户制定不同的回访策略。例如某些企业根据客户的价值将客户分为高效客户、高贡献客户、普通客户等；根据客户的来源，也可以将其分为自主开发型客户、广告宣传型客户、朋友推荐型客户等；也可按照属性将客户分为合作企业、供应商、直接客户等；还可以按客户的地域、省份、城市等对其进行细分。

对客户进行详细分类可以帮助回访人员制定不同的回访策略，提高客户回访效率。

2. 明确客户的需求

在对客户进行分类之后，要明确客户的需求才能在回访中满足客户的需要。在客户提出自己的需要之前企业就已经上门服务，这可以很好地体现对客户的关怀，让客户感动。

企业对客户的定期回访，能够帮助企业了解产品的使用情况，发现产品在应用过程中出现的问题。同时通过回访还可以了解到客户对企业有什么需求，是否有可能继续合作。

只有客户配合回访，企业员工的服务能力才能提高，让企业越来越好。

通常客户在使用产品的过程中发现问题，产品发生故障，或者客户想再次购买相关产品时，就是企业对客户进行回访的最佳时机。如果提前掌握这些信息，及时回访客户，提供相应的服务，将在很大程度上提高客户的满意度。

3. 确定合适的客户回访方式

对客户的回访方式包括电话回访、当面回访、在线回访等。从多家企业的实践经验来看，电话回访结合当面回访是最好的方法。

定期对客户进行回访能够让客户感受到企业的诚信与责任，但回访时间一定要安排合理，如成交后一周、一个月、三个月、六个月等。具体的回访时间应该根据企业自身情况或产品类型而定。

4. 抓住客户回访的机会

回访人员需要在客户回访过程中了解客户对产品的不满意之处，找出问题所在；记录好客户对企业的意见或建议；认真整理回访资料，进行后期的改进工作；准备对已回访的客户进行二次回访。客户回访能解决很多实际问题，对企业形象有很好的维护作用，还可以加深客户的信任。

受产品同质化等因素的影响，成交客户会从购买产品之前对质量、价位的担心，转向对产品售后服务的担心，所以对已成交客户的定期回访十分重要。

5. 利用客户回访促进重复销售或交叉销售

客户回访的最终目的是通过提供给客户预期之外的高水平服务让客户对企业或产品更加信任与依赖，创造出新的销售机会。持之以恒的客户关怀可以使销售机会不断延伸。

企业对客户回访的目的是通过售后关怀来增值产品与服务，老客户是企业产品口碑的创造者，口碑将对新的销售增长产生很大影响。用老客户吸引新客户的做法不仅成本很低，还非常有效。而且，因为有了之前合作的基础，所以老客户会更倾向于和企业继续合作。

第 8 章

营销与销售：告别无效化营销，提高团队一致性

  营销与销售，二者只差一个字，工作内容却不尽相同。营销团队的日常工作包括市场调研、建立用户画像、品牌策划、广告投放、数据复盘等；销售团队的日常工作则是依据营销团队给出的销售线索进行触达，用企业的产品或服务来吸引、结识客户，推动交易达成。我们可以这样形容二者之间的关系：营销团队更懂如何销售，销售团队更懂得如何利用市场资源。

8.1 为什么营销不能提升业绩

如果你是营销人员，是否希望自己的策划案能够一夜爆火，变现率飞涨？如果你是企业老板，是否希望企业能够通过爆火的策划案来实现名利双收？希望很美好，但很多营销人员都存在一个错误的认知：只要我的营销方案足够吸引眼球，足够有创意，就一定能获得大众的喜爱。

但现实是，即便营销人员把一个得过无数大奖的创意展示给客户，向客户讲解其中的奇思妙想，客户可能依然觉得没什么意思，因为创意是因人而异的。营销方案需要着眼于企业与市场的实际情况，因此企业要针对客户的痛点策划方案，建立完整的营销体系。唯有如此，才能不断提升业绩，打响品牌知名度。

8.1.1 跟风营销，没有客户基础

To C 企业面向的客户非常多，随手写的宣发内容都可能有数以万计的客户感兴趣。但 To B 端非常依赖客户基础，很可能企业面向的市场中只有有限数量的客户可供企业选择。如果刚好所处行业产品同质化程度很高，行业竞争者水平也差不多，那么营销团队就会产生"巧妇难为无米之炊"的痛苦。

在这个全网营销的时代，如果 To B 企业不能比同行做得更好，就需要为自己找到一条不同的出路。

不同体现在很多方面，例如淘宝主打品种多、市场大，京东强调物流速度快，拼多多主打价格便宜，网易严选瞄准海外市场。上述这些大企业都需要用差异化来避免竞争，脱离同质化的旋涡，中小企业更是如此。很多营销团队经常去看别人怎么做方案、怎么投放宣发，然后直接盲目跟风。最终的结果经常是别人的产品成为爆品，而自己的营销活动无人问津。

在品牌运营方面，To B 企业需要进行整体规划与针对营销。很多 To B 的运营人员十分羡慕 To C 的运营成果：它们今天又出现了 10 万＋阅读量的文章，流量变现率很可观；它们又获得了某某奖项，趁势涨了不少粉丝。这些都是 To B 企业难以获得的成就。To B 的营销团队往往就过于低调，因为客户企业的决策周期十分漫长，需要谨慎考量企业产品与服务，并不会因为一时兴起就完成购买。

我们试想一下，一篇文案能对销量起决定作用吗？一则广告的投放能让犹豫不决的客户下定决心吗？答案是否定的。客户对产品或者服务的采购需要从定价、质量、服务、舆论、售后等角度去衡量，反复开会研讨，这些都是营销团队主观上解决不了的问题。

大家都明白"站在巨人的肩膀上可以看得更远"这个道理，并不是不可以模仿、参考他人的做法，而是要明白成功案例背后的逻辑，不要盲目跟风。很多团队确实通过借鉴他人做法获得成功，但背后原因是其理性分析了前人成功的深层逻辑，并根据自身企业特点对逻辑进行改进，量身打造出一个极具优势的方案。

To B 企业的营销人员能做的就是在自己的能力范围内，最大程度上让有限的客户群体看到企业合理的战略、优秀的产品质量、研发技术实现的重大突破。同时营销人员还要对客户反馈的数据进行分析，找到客户需求的关键，更好地为客户提供服务。这便是 To B 企业营销团队需要努力的方向。

8.1.2 未找到客户的关键需求

唯有了解自己的产品与客户，营销策略才有效。这个道理比较简单，但很多从 To C 转行的营销人员不太理解这一道理。有些人认为一个营销方案从形成到投放只需要 4 步：套用模板、修改文案、加入营销技巧、找关键意见领袖。对于很多 To C 营销团队来说，这个流程简直像流水线作业，不论卖的是什么都能够套用这个公式。

这样得出来的方案也许看起来很完美，在 C 端的最终收益也还不错，但 To B 的营销活动无法套用这个公式。To B 企业的营销人员需要花费很多时间去深入了解自己企业的产品与客户。当营销人员面向的受众是一个庞大的企业而不是个体时，对方不会被一两个简单的营销手段打动。客户需求的关键因素是产品，唯有产品能够十分完美地契合客户的需求，客户才会欣然下单。

不管是 SaaS，还是 SCRM，随着产品同质化不断提高，To B 市场中从来都不缺产品，缺少的是产品的解决方案。因为客户的需求随着时代及科技的发展不断变化，所以营销团队需要用与时俱进的解决方案来满足客户的需求。营销团队需要从内容出发，打造一款能够解决痛点的产品来吸引客户。

针对业务存在的痛点，客户会通过网络搜索、朋友介绍等方式去寻找解决方案，内容成了营销团队获取线索的重要途径之一。例如为企业微信提供服务的企业，就需要以社群的裂变增长为目标来进行活动策划、沉淀案例、总结出方法论；再如为电商行业服务的企业，则需要以提高客户触达速度、数据联通以及途径创新为目标，来进行服务优化。

找准客户需求，To B 企业才能在某领域建立起标杆形象，起到 KOL 的作用，并实现从客户认知到流量，到线索，再到转化的过程。这也是 To B 企业营销区别于传统 To C 营销的原因。前者需要对产品以及客户负责；后者则不要求细分客户群体，流量为王。

就 To B 企业而言，由于受众相对有限，营销方案最终还是会落脚于产品质量上。因此，优质的产品比 100 句优秀的文案更具吸引力，产品与客户是一切研发或营销活动的出发点以及落脚点。

8.1.3　缺少完整的营销体系

在实际操作中，很多营销人员会产生这样的疑问：产品在市场中有一定的竞争优势，策划方案也比较合理，但还是没能达到预期的效果，不知道问题出在哪里。

之所以会产生这样的问题，原因在于营销体系不够完整。营销团队只"放"不"收"，放出去的宣发、广告已经成为沉没成本，却没能收回数据反馈进行复盘，导致营销活动的针对性不够强，没有依据来进行后续改进。

营销团队需要的数据反馈包括不同文案效果、客户群体种类、参与路径以及活动投放效果，这些都是需要团队记录与溯源的量化指标，随后可以进行汇总复盘，提出哪里存在不足之处并研讨如何改正。一个完整的营销体系由揽新、留存、促活、变现、分析 5 部分组成，如图 8-1 所示。

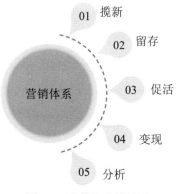

图 8-1　完整的营销体系

1. 揽新

企业可以通过策划线上或线下的营销活动和多种渠道的广告推广，来达到引流、揽新的目的，让客户更了解企业产品以及品牌，促进有效沟通。

2. 留存

客户就像游动的鱼一样，如果我们只懂揽新不懂留存，那么久而久之客户就会"游走"。所以我们需要建造一个"鱼塘"，让客户只在我们能控制的范围内流动，进而反复与企业产生互动。

3. 促活

不加入促活因子，"鱼塘"终将成为一潭死水。当客户留在了企业的"鱼塘"中，这时便需要加入营销活动、留言、优惠折扣等促活因子，增加客户的体验感、参与感与活跃度。

4. 变现

当客户对产品产生了兴趣后，企业便可以思考如何实现变现。我们需要始终记住一点：营销的目的是变现，一个不能盈利的推广是毫无价值的。变现是营销体系中最重要的一环，能否变现、变现率高低都是检验营销方式正确与否的重要指标。

5. 分析

复盘分析是对上次活动的总结，也是策划下次活动的依据。营销人员需要在每一次推广活动结束之后，对方案进行总结，了解营销方案有哪些不足之处、有哪些出色之处、效果反响如何、下次活动该怎么策划、未来趋势如何、客户需求是否发生改变等问题。这些都需要营销人员用大量可量化的数据进行分析，制作曲线图来分析趋势，运用饼状图来划分客户群体，并将分析得出来的结果作为下次营销活动的策划依据。

8.2 目标规划

营销可以使企业获取更多销售线索，而更多的销售线索意味着更多的转化可能。营销和销售的目标其实是相同的，只有营销人员和销售人员齐心协力，共同协作，才能更好地促进业务增长。

8.2.1 销售和营销团队保持目标一致

B端的客户企业更倾向于自己了解市场情况，寻找企业信息，而非听信销售的"一面之词"。由于B端的订单金额高昂，因此客户非常谨慎，往往货比三家后再做出选择。也就是说，随着数字化时代的发展，只有销售团队一个触点早已不能满足客户的需求，营销团队需要与销售团队一起为客户提供更好的服务。

销售团队与营销团队需要保持目标的一致性，即以客户为唯一目标来开展工作，各司其职，通力合作。

以某外企客户为例，其希望采购A企业的核心业务系统软件，向A企业问价。

我们从"上帝视角"来看待这个案例。客户在产生了需求后，其实已经对同行业其他企业使用的软件情况进行了调研，了解了他们使用的都是哪款软件、优点、缺点、价格与品质是否对等。随后客户立项成立采购团队，通知各企业现场投标谈判，以便进行选择。

这时A企业的营销团队需要将本企业的各种资料进行翻译,以方便外企客户阅读。同时,A企业投放广告、加大宣发力度以让客户看到A企业的品牌,A企业还在社交媒体上与客户进行热情、专业的互动来博得其好感。A企业的销售团队需要做的,便是了解竞争对手报价并对报价进行调整,讲述产品优势,与客户达成友好关系。

二者通力合作,A企业最终拿下了这笔订单,而这背后是两个部门的共同努力。营销团队提供更高质量的内容宣发,引起客户注意,使其产生兴趣;销售团队提供专业的产品咨询,为客户答疑解惑,打消客户的顾虑。

在心理学中有一个飞轮效应:转动静止的飞轮往往需要很大的力气,但当飞轮的速度达到一定程度时,其所具有的动能与势能便会很大,不再需要费力地推动也能转得很快。在营销团队与销售团队刚开始磨合的时候,阻碍可能会很多,双方各不理解、各不退让。但当合作成为常态化时,双方能够通过默契的配合更好地为客户服务,为企业快速发展提供巨大的动能与势能。

8.2.2　各部门合理分工,相互配合

一个团队是由各个职能部门组成的,部门之间分工明确,各司其职。在按职责划分总目标时,管理者需要先对团队的总目标进行分析,明确各部门的职责与使命,再根据岗位类型对各部门的内部岗位进行层级划分,明确不同岗位层次的工作职责和工作目标。如此,将宏大的团队总目标层层分解,转化为清晰、有针对性的分目标。各部门上下配合,同时配合其他部门,齐心协力朝总目标前进。

在有了目标后,管理者还需将任务进行分解,让每位员工都清楚地知道自己应该干什么。

首先,管理者要考察要开展的各种工作,确保自己对工作有详细的了解,例如存在哪些问题或困难程度如何,从而为接下来的分工提供依据。之后,管理者要将工作任务分配给具体员工,向处理这项工作的员工说明工作的性质和目标,保证说明过程清晰且明确。

其次,管理者需要对员工进行完整的评价,了解员工完成工作的速度以及

质量，根据自己对于工作的期望，为他们安排最合适的工作，让员工发挥最大的作用。

刘经理是新上任的部门经理，因上任不久，刘经理还没能完全适应自己的新角色。最近部门要准备年终会议，这个工作以前是刘经理负责的，但刘经理升职后，还没有确定新的负责人。因现在的下属都是原来的同事，刘经理不好意思命令他们，于是和几个负责行政工作的员工一起商量，讨论由谁来负责这项工作。几天后，刘经理与这几位员工商量年终会议的筹备事宜时，发现他们都没准备。

刘经理很苦恼，于是找原来的领导商量。领导告诉他，他现在是部门经理，在工作时一定要跳出原来的员工角色，把自己看作指挥者。因此任何工作任务，必须明确到人，并且说清楚执行目标和期限，否则员工很难主动承担工作。在听完领导的话后，刘经理恍然大悟，调整了任务的布置方式。之后，这样的现象便再也没有出现过。

在没有奖励时，大部分员工的自我驱动能力差，而且不会主动承担责任。管理者如果不想工作被一拖再拖，就要明确任务归属，告诉员工哪些是他应该承担的责任。

8.2.3 用 SMART 原则进行目标规划

SMART 原则由管理学大师彼得·德鲁克提出，最开始出现在其著作《管理的实践》一书中，这本书在 1954 年出版。他认为，管理人员需要懂如何避免"活动陷阱"，而不是只顾低头拉车，而不抬头看路，最终忘记了自己的主要目标。各项目标不是抽象的，是管理者用来衡量工作绩效的标准；目标必须具有能够转化为详细工作安排的可操作性；目标必须能把各种有用的资源集中在一起；目标必须是影响团队发展的不可或缺的因素之一。

SMART 原则主要包括以下 5 个方面，如图 8-2 所示。

图 8-2　SMART 原则

1. 具体的

目标必须是具体的。管理者制定的目标要能够为具体的工作提供指引，不能模糊不清。明确的目标，是指所要达成的行为标准能够用具体详细的语言清晰地阐述。几乎所有成功的团队都有一个明确的目标，所有人朝着同一个目标努力；反观很多团队没有取得成功的原因就是制定的目标不够明确，或者管理者没有将目标明确地传达给员工，致使员工在执行目标计划时，缺少一个明确的方向。

例如某团队的目标是"完成理想销售额的50%"。这个目标便不是一个明确的目标，因为理想销售额是一个因人而异的数字。如果把这个目标变成"今天要完成第一项任务50%的工作量"，这样目标就具体了。

2. 可衡量的

目标必须是可以衡量的。管理者制定的目标需要能够数量化或行为化，可以清晰获得验证绩效指标的有效数据或者信息，来判断制定的目标是否能实现。制定的目标明确而不模糊是影响目标能否达成的关键因素。但大方向性质的目标很难衡量，这说明不是所有的目标都可以被衡量。例如"今天我要拜访两家公司，并完成1个团队建设方案"这个目标是可衡量的；而"今天我要多拜访几个客户"这个目标就很难被衡量。

3. 可达到的

目标必须是可以达到的。这是指制定的目标可以通过努力得以实现，但一定要避免设立过高或过低的目标。如果一位管理者为了达成自己的利益，使用不正当的手段，把自己制定的不符合实际情况的目标强加于员工身上，那么会造成团队员工心理或者行为上的抗拒。员工这时便会产生"反正干不完，还努力什么"的消极情绪，在执行目标计划时工作效率也不会很高，这样的目标反而取得了适得其反的效果。

比如一个终端零售门店的规模不大，单件商品的价格也不高，客流量也不多，管理者却把月总销售额定为200万元。设置的目标过高，员工完不成，所以大家都消极应对，月销售目标就渐渐地成了"摆设"。

4. 相关的

目标的相关性是指制定的目标要和其他目标具有一定的相关性，否则就算实现了单一的目标，对团队整体的发展也没有很大意义。

5. 时间的

目标的截止期限必须明确而清楚。目标的时限性是指目标有一定的时间限制，管理者应该特别注重目标的截止期限。倘若目标没有时限性，将会导致绩效考核不公正，从而也降低团队员工的工作热情。例如，"我要完成100万的销售额"这个目标就没有具体的时间限定，那么完成这些销售额的时间可以是1个月也可以是1年。如果时间成本与成果产出不能对应，这个目标也就失去了激励的作用。

8.3 打通考核指标

目标管理体系中，对管理者和员工都很重要的一个环节就是考核，这是管理措施实施一段时间后的阶段性总结与复盘。目标实施到一定阶段就需要管理者考核、评定，管理者要综合员工各方面表现对其做出评价，表扬其长处，指出其短处。考核结果也是团队在薪酬管理、培训发展等方面进行人事决策的重要依据，所以考核过程必须公平、公开、公正。

8.3.1 绩效考核需考虑企业的整体销售目标

To B 企业在建立营销人员绩效考核制度时需要统筹多方面因素，需要对本企业产品进行精准的定位。例如产品是快消型还是慢消型，是 SaaS 还是 SCRM，以往客户多久需要采购一次产品，从营销人员接触客户到成单需要多久，平均商品周转率是多少。以上诸多问题都是企业在制定绩效考核制度时需要考虑的问题。

服务型与生产型 To B 企业的发展核心不同，运营策略不同，绩效考核制度也不相同。To B 企业之间尚且存在巨大差异，因此管理者更不能去套用广大 To C 企业的绩效考核方式。很多公司在设计薪酬制度时没有系统思维，而是直接从具体的细节开始设计，或直接照搬国外的薪酬设计模式。采用这种设计方式的管理者，看不到员工薪资与本公司战略方向的联系，没有站在自己团队的角度进行薪酬设计。

公司在设计薪酬制度时，首先要考虑的是整个团队的发展战略。这样做是为了分析公司需要什么样的人才，由此来决定合理的薪酬水平。薪酬设计与公司的战略目标一一对应，可分为 3 种类型：薪酬水平领先型、薪酬水平跟随型和人工成本优先型。

1. 薪酬水平领先型

采取此策略的公司往往是同行业市场中的领军公司，并且有很多成长空间，企业迫切需要高素质人才。这样的企业薪酬的支付能力相对较强。

2. 薪酬水平跟随型

这种公司处于稳健发展的阶段，通常会找到一个标杆公司，其在经营、管理等方面都向标杆看齐。这种公司的薪酬设计基本和标杆公司相同。

3. 人工成本优先型

采取该策略的公司，在薪酬设计方面往往要节约成本，薪酬水平与同行业相比较低。

公司要根据自身的情况确定薪酬类型，合理设计薪酬制度。如果薪酬的设计与公司的实际情况和发展战略不匹配，公司整体发展就可能与员工的个人利益相冲突，公司就很难实现长远发展。

8.3.2 绩效考核必须与薪酬设计相结合

薪酬与福利是管理者留住员工的"金手铐"，唯有管理者让员工觉得薪酬福利合理，员工才会为企业长远的目标而努力。管理者如何做到既让员工的薪酬符合预期，又保持团队的良好运作？关键在于薪酬与福利的设计。如果付出与回报不成正比，员工就很容易离职。管理者要做到科学设计薪酬，满足员工对薪酬的预期，进而为企业创造价值。PPV产值量化薪酬模式便是与绩效考核相结合的优秀的薪酬模式。

PPV产值量化薪酬模式是指将员工的工作项目、工作内容等进行量化、价值化，并将其与员工的收入挂钩，形成多劳多得的薪酬分配机制。PPV让员工的每一项工作都有相应的价值，员工还可兼职做其他岗位的工作以获得加薪。以财务岗为例，PPV模式下薪资由以下几部分构成：

（1）按时、无差错地完成企业经营报表，500元；

（2）按时、无差错地完成员工工资表，300元；

（3）每开具一张发票，5元；

（4）……

员工在自己本职工作保质保量完成的前提下，还可以通过完成其他岗位的工作为自己加薪。例如，财务人员为企业推荐人才，每入职一人奖励200元；记录一次企业考勤奖励100元。员工所做的每一项工作必须有结果，才能有产值，所以员工必须对工作结果负责。

实行PPV薪酬方案的企业，可以按实际的工作量分配岗位，减少人效浪费。这样员工不仅会积极完成本职工作，而且还有了学习其他业务的动力，从而促使员工发挥各项才能，达到企业需要的复合型人才标准。

8.3.3　针对目标市场调整考核模式

在设计考核制度时，To B企业针对不同产品的目标市场，为营销人员设计差异化的薪酬与考核方式。例如某企业将目标市场锁定为高端客户群，那么就需要制定"高底薪+低提成"的模式，因为产品的销售量很难固定，需要用高底薪来留住员工。

大部分人努力工作的动力是获得丰厚的回报，奖金和加薪是员工们最期待的奖励。但如果管理者没有制定公允的考核标准，或没有严格按标准执行，对员工的奖励和惩罚全凭自己的主观判断，那么员工定然会产生质疑，进而不满，最终离职。

随着企业的不断发展，考核模式也需要不断与时俱进，进行有标准可循的调整，而非无视实际情况，盲目调整。在调整考核模式的过程中，管理者需要保证调整后的业绩考核制度在实际执行时能遵循以下 5 条原则。

1. 公平原则

公平是对员工进行业绩考核的前提。只有保证考核制度的公平性，才能真正发挥业绩考核对员工个人和团队整体的积极作用。

2. 严格原则

业绩考核制度不能流于形式，要有明确的考核标准，以及严格的流程执行规定。

3. 结合奖惩原则

业绩考核应该结合奖惩进行，比如业绩与工资、奖金关联，以这种与物质利益相结合的方式来激励员工提升业绩。

4. 反馈原则

执行业绩考核制度，一定要把最终的考评结果反馈给被考评员工本人。并在肯定其业绩成果的同时，说明其存在的不足，形成与员工之间的一种双向交流，否则对员工进行业绩考核就失去了意义。

5. 差别原则

To B 企业面向的市场决定了企业需要对业绩考核的标准有明确的差别界定，即对不同员工的不同工作业绩，要划定一个鲜明的层级范围。例如针对不同的业绩成果设定不同的工资额度，并标明具体的数字，让员工有标准可对照。

俞敏洪曾说过，考核机制不公平，一定是最糟糕的人留下。公正、公开的考核制度能够有效激发员工的工作积极性，为企业创造更多价值。否则，考核制度将阻碍团队的发展。企业需要定期检查制度是否合理，对不合理之处进行改进。管理者应当学会为员工赋能，让受到挫折的员工站起来，让有能力的员工跑得更远。

8.4 长期联动配合

观察市场占据主导作用的漏斗模型，窥探企业北极星指标连成的星图，我们不难得出营销部门始终以寻找销售线索为导向，销售部门始终以销售转化为导向这个结论。随着企业的发展，营销逐渐退居幕后，销售逐渐成为主角。

营销为销售服务的时代已经过去，新时代下营销与销售将长期联动配合，用产品与服务为客户带来更好的体验。二者各自发挥长处，紧密配合，营销重视宣传，销售重视服务，推动企业的飞轮越转越快。

8.4.1 营销跟踪辅助后续销售过程

营销团队要有销售思维，积极了解产品相关知识销售技巧，和销售团队走得更近。同时双方还可以参加对方的培训来增加熟悉度，打破交流壁垒，增进理解。

由于B端客户的业务种类不同，因此企业需要建立的客户画像、产品的改进方向与交付周期也各不相同，这些不同也就导致营销团队与销售团队对销售额的贡献不同。在企业品牌还未树立的机遇期，销售会感到工作的开展举步维艰，没有客户愿意为没听过的品牌买单。这时营销需要顶住压力，打响品牌，为后续销售铺路。在企业品牌已经树立的发展期，交易的难度下降，这时便需要销售大展拳脚，营销进行锦上添花。

客户体量越大，成交金额越高，也就意味着决策周期越长，改进方案越复杂。很多问题是销售团队无法处理的，这时便需要营销团队来跟踪辅助后续销售过程，帮助销售团队克服困难，促成交易。

销售数据对于销售团队来说有很重要的作用，销售数据由营销团队进行整合并反馈给销售团队，拥有销售数据的团队可以借助数据获得销售商机，宣传推广产品，增加潜在的推销机会。除此之外，通过不同渠道获得的数据可以提高销售团队自身的洞悉能力，找到潜在客户，加强与客户的交流与合作。销售团队还能从数据中洞悉行业的动向，为企业开拓销售渠道。

营销团队的工作目的是获取更多的销售线索，利用流量提高客户转化率，这也刚好契合销售团队的工作目标——利用优质的销售线索转化客户。两个团队其实是在朝着相同的方向前进，双方都致力于从更多的维度全面地为客户提供优质的服务。平时营销与销售团队还可以组织午饭或者下午茶，利用团建来进行沟通、学习。

8.4.2 营销策略始终围绕销售目标

销售团队是一个企业的先锋部队，每日工作在市场最前端；营销团队则是企业的后勤部门，为前者提供诸如数据反馈、销售工具、SOP 等物资支持。因此，二者之间的"认知同频"十分关键。销售人员和营销人员需要知道他们是相互合作的关系，合作的效果不仅要在年度、季度、月度会议中反馈出来，还需要在日常的每一次会议中给出反馈，从而双方共同制定他们的下一阶段目标。

营销策略要始终围绕销售策略制定，也就是说，营销团队所做的每个决定都需要对销售团队负责。两个团队需要通过每一次月度、季度、年度会议来商议接下来的工作重心，获得对方的反馈并共同制定下一阶段的目标。

销售团队在日常工作中会收到很多来自客户的反馈与需求，这时营销团队便需要收集这些意见并整理反馈给研发部门，形成营销团队与销售团队的闭环，推进产品不断迭代升级。

营销人员通过外部信息来影响企业决策与产品，根植并发展于受众市场，所以营销人员具备的是一种市场本位、自外向内的思维模式。销售人员则从产品出发进行思考，通过讲述产品优势来吸引客户，其根植于产品自身，所以销售团队具备的是一种产品本位、自内向外的思维模式。

每一个销售人员最终都会拥有营销思维。从销售思维到营销思维的转变，其实是一种思维方式的跨越：产品本位到市场本位、战术到战略、利润到发展、眼前到未来。

第 9 章

团队升级：打造高价值人才团队

《管子·权修》中有这样一句关于人才的名言："一年之计，莫如树谷；十年之计，莫如树木；终身之计，莫如树人。"人才是一个部门、一个企业乃至一个国家发展的核心因素，唯有重视人才的力量，企业才能拥有自己的核心竞争力，才能在激烈的市场竞争中不落下风。

9.1 营销团队的四大核心职能

To B 销售其实是一个闭环,有的人却认为它是一个点,所以有些企业在竞争开始之前就已经输了。企业从成立到盈利、从每项计划的制订到实施,其中每个环节都应当在既定的战略下展开,所有环节共同组成了企业的市场行为。本节将从战略和领导力、需求挖掘、品牌营销和产品营销4方面展开,向读者讲述如何打造一支不断成长、不断进化的营销团队。

9.1.1 战略和领导力

我们不妨用地图和罗盘来分别比喻团队战略与领导力。团队战略就像一张地图,只有团队成员都按照规定的线路走,才能抵达终点。领导力则是团队行进中的罗盘,为团队指明前进的方向,使团队能够达成既定的目标。

1. 战略

战略是企业发展的整体计划,对企业经营的每一项工作都会产生影响。这就要求我们重视整体的力量,树立全局观,立足整体,统筹全局,用长远的眼光看待事物发展。

无论大、中、小、微企业,无论前进的道路复杂与否、困难与否、正确与否,我们都需要先有一个方向。因为没有人能确保做出的每一项决定都是正确的,所以我们需要投身市场去尝试、去试错,用实际结果来验证决定的对错。如果企业的规模较大,那么可以放手去做,这个方法不行就换一种,总能找到适合自己的战略;如果企业的规模较小,试错成本相对较高,那么需要更谨慎地做出决定来保证自身生存。

2. 领导力

"现代管理学之父"德鲁克就领导力这一话题，曾说过这样一句话："发现一个领导者最有效的办法是，看其是否有心甘情愿的追随者。"

领导力是很难量化的一项指标，它是一位领导者带领一群人为达成目标而奋斗的过程中所展现出的影响力。简而言之，是一个人对身边人产生积极影响的辐射作用。越是发展快速的行业、越是重视创新的行业、越是知识占生产比重大的行业，领导力就越是有价值的一项指标。

我们需要承认精神的力量弥足珍贵，一支由KPI组织起来的团队远不如一支用精神力量凝聚起来的团队能量大。因为物质终究会有既定的上限，但精神不会。精神的力量是无穷的，其之于企业，乃至对整个国家而言，都是一股能够创造历史的澎湃势能。KPI不可能永远都给人为之一振的动力，但这样的澎湃势能可以，它不会被时间以及挫折消耗掉，而会成为领导者身上历久弥新的一种精神，为更多的人带去积极影响。

9.1.2　需求挖掘

"现代营销学之父"菲利普·科特勒曾言："营销是发现需求，满足需求的过程。"客户对产品有需求，才可能与企业达成合作。如果企业根本不清楚客户的需求，那么想要成功打开市场就是痴人说梦。对于企业来说，客户最大的弱点就是其存在消费需求。企业应设身处地地为客户着想，激起客户对产品的需求与渴望。

几乎所有企业都明白一个道理：如果想实现订单成交，就必须找到客户的痛点，深挖出客户的需求，从而为客户解决问题。因为有问题才会痛苦，痛苦足够大才会产生需求，有了需求才会产生购买欲，有了购买欲才会产生订单。

一家优秀的To B企业能够深入分析客户的痛点，找到开启客户心灵的钥匙。分析客户痛点的方式有很多，比如传统的调查问卷、网络平台收集信息等，而最重要的还是企业对客户进行深入观察，与客户做深度交流，收集并整理第一手的真实数据。除此之外，随着微博、微信等社交产品的火爆，这些平台上每天都会产生大量数据，企业可以利用这些数据对客户的需求进行分析研判。

深度交流是企业了解客户需求的明智之选。在知道其需求后，企业便可以采用"放大客户现有的痛点"与"激发客户的利益需求"两种方法促使客户做出购买决策。

以 SaaS 销售为例，客户很担忧平台操作卡顿导致用户经常投诉这一问题。那么销售人员便可以向其讲述操作卡顿给用户带来哪些不便，非常容易造成用户流失，从而影响客户企业的发展。这便是放大客户现有的痛点来激发对方的购买欲望。在同样的前提下，企业还可以向对方说明自己产品的操作平台如何流畅、便捷，会给用户带来顺畅的使用体验，可以为客户企业带来更多用户流量。这便是激发客户的利益需求来促使对方购买产品。

一项心理学研究表明，痛苦的驱动力会比快乐的驱动力更大，因为痛苦才会让人们迫切地想改善现状。因此企业需要主动抓住客户痛点，让自己与客户产生共情，激发出客户的需求、购买欲望，拿下订单。

9.1.3　品牌营销

对于企业来说，要想做好品牌营销工作，最关键的就是随着时代的变化及时更新自己的思维。企业拥有再好的产品专家，拥有顶级的匠人精神，也不能忽略品牌的建设，闭门造车的时代早已过去。品牌往往是一个优质企业对外展示的窗口，只有客户看到了企业的优秀，企业才是真的优秀。为此我们应该系统学习品牌知识，践行品牌知识，同时多思考，不断提升自己的品牌思维力。

品牌文化一般是指品牌在市场经营中逐渐形成的文化积淀，也指通过赋予品牌深刻而丰富的文化内涵来突出产品鲜明特征的品牌定位，它代表着品牌自身的价值观。企业应当充分利用各种强而有效的内外部传播途径，让客户在精神上对企业品牌产生高度认同，建立品牌信仰，最终形成客户对企业强烈的品牌忠诚。

在书画销售市场中，经常有某一主题的专题拍卖会，但参拍品的成交价格却大相径庭。例如董邦达的两幅作品，尺幅大小差不多、艺术水平相当，但第一件见诸《石渠宝笈》，另一件则只是一般的藏品，最终前一件以上百万元成交，后一件仅以十几万元成交，这就是所谓"品牌效应"。

品牌文化代表了企业的利益认知与情感归属，很多大客户都非常注重对方企业的品牌文化，甚至很多大客户认同的产品就是那些与自身经营理念相同、步调一致的产品。与企业文化的内部凝聚作用不同的是，品牌文化更加凸显了企业外在的宣传与整合优势。因此企业在寻找目标客户时，可以利用品牌文化的优势来体现出产品的独特性与行业影响力。

品牌价值的重要性不言而喻，优秀的品牌对客户的吸引力远超100句无用的恭维。首先企业自身需要树立良好的品牌形象，提高品牌知名度和美誉度，让客户放心、安心、忠心于自己的产品，这样才能让客户货比三家后仍然青睐你。

微博、公众号等新媒体，是品牌文化的最佳呈现渠道。企业可以将曾经的成功案例、做出的优秀成果展示出来，让更多的人了解企业强大的实力。价格战的时代已经逐渐褪色，企业需要用品牌文化这一鲜艳的颜料，为市场的画布增加亮色。

从情怀到价格，再到情怀。在全新渠道与科技的影响下，大众逐渐回归情怀的初心中，寻找产品中富有情怀的元素。比如近年来大火的故宫文创品牌便是应运出现的。培育品牌文化并非是对产品的消费升级，而是一种仪式感、信念感、内容联想感，让人们愿意付出品牌溢价。

对于 To B 企业来说，品牌营销是强有力的武器。客户首先需要认可并喜爱企业对外展示的品牌文化与品牌价值，才能放心地将重要的订单交给企业。

9.1.4　产品营销

产品营销是一个笼统的概念，大致上可分为价格营销与体验营销。通俗地说，一件产品总要有能吸引人的地方，体验优势与价格优势起码要占一个才能让客户心甘情愿买单。

1. 价格营销

没有人不喜欢物美价廉的产品，人们都想用最少的钱买最好的东西。To B 企业要抓住客户的这种心理，巧用利益引导客户下单。

当客户认为产品的价格较高时，往往希望企业给出一定的优惠，但如果企业答应得太痛快，客户反而会思考你的产品是否值得购买。因此企业在与客户交流时不应先说价格，而是先将产品的性能、质量、材料、规格等卖点讲清楚，让客户建立对所售产品的价值观。当客户认可所售产品的品质时，再给予客户适当的优惠。企业可以通过这样一个有条不紊、循序渐进的流程，中间辅以心理上的拉扯，最终给予客户良好的消费体验。

2. 体验营销

如今，先体验后付费的模式广受客户欢迎。例如，一些知识付费平台经常会推出扫码赠送资料的活动，先让客户体验一部分学习内容，再向其推销课程。这种加入体验及服务的营销方式，不仅能给客户带来更优质的体验，而且能给企业带来可观的效益。

体验式营销的时代已经来临，客户在选购产品时不会再听信企业的"一面之词"，而是更倾向于感官上的亲身体验。在客户体验时代，企业不仅要深入了解客户需求，还应把客户的体验需求和对客户的尊重凝结在产品层面，让他们感受到被尊重、被理解和被关爱。体验式营销作为一种新型的营销方式，正慢慢地渗透进销售市场，它注重让客户从感官、情感、思考、行动、关联5个方面体验产品。

社会思想家、未来学大师阿尔文·托夫勒曾在《未来的冲击》中指出，体验经济是未来经济发展的主要力量，而他的观点正在被验证。在体验经济时代的大潮下，国际上很多知名企业都通过提供给消费者感官和情感上的互动体验服务，来大规模开展体验式营销，而这为提高品牌声誉做出了很大贡献。

对于 To B 企业来说，适应并加入这股体验经济的时代潮流实为必要之举。企业在销售产品时，需要充分利用消费者的感官体验，让客户亲身参与销售的每个环节，亲身体验产品的每个功能，从而获得更好的营销效果。在这个过程中，产品的优点自然就显现出来了，企业不用多说什么，客户也会青睐企业的产品。

9.2 营销团队需要有整合思维

整合资源的本质是为了补充自己缺少的能力与智慧。To B 是一个竞争非常激烈的领域，很多企业领导者每天都在发愁怎么才能提高产品质量、怎么才能找到优质客户、怎么才能提高品牌影响力。究其原因，企业缺乏整合的力量，没有整合众多现成及潜在的资源，无法让这些优质客户"为我所用"。

9.2.1 整合客户、销售与研发，消灭信息差

一般来说，人们只关心自己想要的，不关心别人想要的，甚至不愿意给别人想要的，他们只想把别人的变成自己的。然而整合思维和一般思维最大的差别就是：一个人在明确自己想要的资源以后，会以对方为中心，研究对方想要什么，然后为对方提供他想要的，获得对方的信任和认可后，对方再自愿提供你想要的。

在 To B 企业的经营战略中，更加重视资源的整合与运用，要求企业将市场营销、生产研发、技术支持、财务金融、内部管理这 5 个经营要素全部围绕着以客户资源为主的企业外部资源来展开，实现内部资源管理和外部资源管理的有机结合，并保持不断地创新。

营销团队根据客户的反馈向研发团队提出反馈意见，研发团队根据反馈意见进行合理的改进。唯有形成这样的良性循环，才能为企业发展注入源源不断的动力，消灭客户与营销团队、营销团队与研发团队之间的信息差，大大减少沟通成本。

创造资源的过程很漫长，可能需要几年、几十年，甚至需要几代人的积累与摸索。而通过整合资源，就能在最短的时间内整合几十个，甚至几百个资源，为企业的发展带来更大的机遇和可能。

9.2.2 整合企业各部门，联动协作

古语云，孤木难支。企业如果想让市场持续听到自己的"声音"，感受到企业的进步与创新，或者想让销售、研发、管理等多环节、多部门感受到企业为自己背书，那么就需要整合各部门间的合作。

"反脆弱理论"是"黑天鹅之父"塔勒布提出的，是指在应对不确定性因素时，人们可以从中获益。这一理论在企业营销中同样适用。如果经不起任何外界刺激带来的考验，那么这个团队就是脆弱的；如果经得起考验，它就是反脆弱的。

企业都希望培养一支反脆弱的队伍，不被任何困难所击垮。《反脆弱》一书的作者塔勒布认为，很多大型企业的团队都是非常脆弱的，尤其是当遭遇突然的"黑天鹅事件"时更是不堪一击。如果团队能够冲破负面事件的影响，就会变得更强大。

如果企业想建立一个执行力强的团队，那么就需要将每个员工身上的能量释放出来，激发员工的战斗力。这正是整合的力量，也正是为团队赋能的作用。用团结的力量实现"1＋1远大于2"的效果，那么用协作的力量互相扶持，这样的工作效率远比个体孤军奋战要高得多。

To B 企业营销中最难的工作其实是获取客户的信任，这项工作需要企业中每个部门共同发力，实现创新的研发、合理的定价、优秀的策划、成功的营销、顶尖的销售、负责的售后，唯有如此方能夺下成功的桂冠。

9.2.3　整合成本与价格，展现产品价值

成本与价格就像天秤的两端，一方加重带来的必然是另一方的失重。

价格战是人们普遍不提倡的一种做法，但仍有很多企业使用，因为其见效十分快速且显著。但如果市场中的企业都采用价格战策略，便会对经济市场造成破坏。所有企业都在压价，最终会导致只有通过缩减成本才能获取更高利润。这样无疑会带来产品品质的下降，导致客户不满意品质而拒绝购买。

平衡是万物之道。我们想要加重天秤的一端，便需要往另一端加上同样重的砝码。如果企业希望提高价格，那么可以在天秤的另一端加上品牌，用品牌效应来促成溢价。

品牌的本质是降低营销成本。现代营销学之父科特勒在《市场营销学》一书中给出了品牌的定义，他认为，品牌是销售者向购买者长期提供的一组特定的特点、利益、服务。建立品牌的目的是使消费者能够识别企业的产品或服务，将它们同竞争对手的产品或服务区分开。

企业通过对品牌的树立和推广，使得客户对企业的认知度提升，这就意味着企业在市场上拥有了可以同竞争对手区分开来的优势。而成功的品牌能够使客户对企业产生信赖和归属感，忠诚的客户乐于推广品牌，这就有利于企业扩大市场份额，节约营销成本。

我们可以思考这样一个问题：为什么奢侈品价格昂贵，但很多人却趋之若鹜？因为它们用不可否认的品质与深入人心的品牌共同促成了高昂的定价，人们接受了品牌溢价，便会心甘情愿地购买。

产品价值的界定受多种因素的影响，但从本质出发，经营、管理品牌，研究出建立企业与客户之间信任的方法，注重成本与价格的整合，最终的产品价值会受到客户的认可。

9.3 营销团队的"三角关系"

1994年，斯蒂芬·罗宾斯首次提出了"团队"的概念：为了实现某一目标而由相互协作的个体所组成的正式群体。随着市场竞争日益激烈，一家拥有巨大发展潜力的企业，除了要有优质的业务来源、优秀的领导及员工，各个团队之间的协作、沟通也是极为重要的，它直接影响团队的工作效率。

9.3.1 技能：分工明确

很多企业都会发现，随着团队规模的不断壮大，团队成员渐渐开始出现偷懒的情况。某项工作明明是团队所有人的责任，但干着干着就只有几个核心人员在工作，很多人都开始"划水"。

其实团队之所以会出现这个问题，不是因为团队成员的道德品质有问题，而是因为出现了群体懈怠这一现象。群体懈怠是指一群人一起完成一项工作时，每个成员的付出会少于单独工作时的付出。用大家耳熟能详的俗语来类比，便是经典的"一个和尚挑水喝，两个和尚抬水喝，三个和尚没水喝"。随着团队人数的增多，责任变得愈发分散，每个人反而不愿意付出努力。

心理学家曾做过一个实验，要求参与者在单独和群体两种情境下拔河，并用仪器来测量每个人的拉力。结果表明，如果参与者知道只有自己在拉绳子，那么他使出的力气比在和5个人共同拉绳子时多出18%，因为他明白如果自己不努力，必定会失败。可见群体懈怠极大影响了参与者的付出程度，因为大家都认为其他人会努力。

心理学家还发现，尽管这些人出现了懈怠，但他们自己并没有感觉到。在他们看来，在群体中拉绳子和单独拉绳子时，他们付出的努力是一样的，可见群体懈怠是一种不自觉的心理。对此心理学家还画出了群体人数和努力程度的关系图，如图9-1所示。我们不难看出，随着团队规模的扩大，个人绩效在逐步降低。

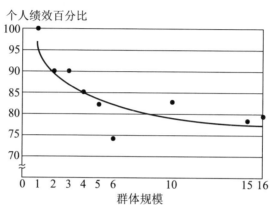

图9-1 群体人数和努力程度的关系

那么，究竟为什么团队中会出现群体懈怠这一现象呢？

1. 责任分散

团队的分工一般都非常细致，这会让员工感觉自己的工作是可有可无的，做得好也不会有突出的表现，做得坏也总会有能力强的人帮自己收尾。所以员工开始懈怠，以寻求一种更为轻松的工作状态。

2. "吃大锅饭"

对于团体工作，最终评价的是团队整体的表现，不会对个人表现进行单独评价。一个人是否有突出的贡献，对团队整体的工作结果并没有太大影响。因此大家开始渐渐减少自己的努力，跟着团队"吃大锅饭"。

3. 不愿吃亏

无论何时何地，我们需要承认人很容易受其他人影响，产生不自觉的从众心理。从众心理本身是一个较为普遍的现象，也并非只有消极的影响。如果一个员工发现身边人都在认真工作，工作业绩十分可观，那么他也会加入认真工作的队伍中。如果一个员工发现其他人在偷懒，他会感到心理上的不平衡，为什么别人在偷懒而自己要认真上班？这时他会受到从众心理的影响，加入"划水"的队伍中，减少自己的努力。

群体懈怠广泛存在且会在不知不觉中发生，几乎是无法避免的，所以最好的办法就是建立健全奖惩机制，用制度降低群体懈怠的发生概率，提升合作效率。

1. 单独评价

如果员工的个人表现淹没在团队里，无法单独衡量，那么员工肯定会缺乏动力。但如果团队中有单独评价的机制，员工就会产生压力，担心自己表现得不好会影响自己的利益。在这种压力的驱使下，员工会更加努力工作。

企业应该如何对员工进行单独评价？首先，需要明确分工。明确的分工与责任归属可以让个人表现一目了然，企业也能以此为依据对员工进行奖惩。其次，表现要有明确的衡量标准。很多公司都会想办法量化每个节点的效率，例如考核客服的通话时长、接起速度等。衡量标准越简单易懂，每个人的贡献就越明确。

2. 强调贡献

如果每个员工都觉得自己的工作在团队里无足轻重，就很容易发生群体懈怠这种消极现象。员工会认为反正我努力不努力都不会影响结果，不如轻松一点。但很多时候，员工的低价值感仅是主观感受，并不是真实情况。如果团队里的每个人都想轻松一点，那么工作是不可能完成的。

因此管理者在分工时，要充分考虑每个员工的特点，让他做擅长的事，增加员工的价值感，规避懈怠行为。除此之外，管理者还可以跟那些不那么核心的员工讨论工作的重要意义，让员工产生工作的动力并对工作做好规划，这样会让他对工作更上心。

3. 缩小团队规模

随着团队的规模扩大，企业会发现尽管员工每天都在"996"，但整体效率依然不高。这是因为团队太大，责任分散，个人贡献不明显，大家没有外界的压力，就产生了群体懈怠。

有些企业转型的第一步是把大部门拆散，分为项目小组，每个小组只有几个人，实行扁平化管理。这样做除了可以增加机动性，还可以缩小团队规模，减少群体懈怠的影响。除此之外，当面对一项困难的工作时，团队负责人不妨向上级申请，成立一个攻坚小组，这样能快速达成目标。

4. 认识他人成绩

很多时候员工之所以偷懒，是因为看到了团队中的其他人在偷懒。例如团队里有的人整天没干什么正事，可等到考核时他们的成绩也不差。这时其他人就会感到不公平，觉得他不怎么干活也能有不错的成绩，那么其他人自然也就不想付出了。

所以管理者要让团队成员看到别人的付出，让努力的员工在团队中产生榜样和示范作用，让员工感受到积极工作的氛围。这也是很多团队隔三岔五总要评奖、推选先进员工的原因。另外，对于不认真工作的员工，管理者要及时批评惩罚，给出负向反馈，让其他人少受这些人的影响。

随着知识经济时代的到来，各种知识、技术不断推陈出新，竞争日趋激烈，社会需求越来越多样化。如果企业还是抱着以前那种孤军作战的思想，很容易被时代淘汰。

个人与团队的关系就如小溪与大海，每个人都要将自己融入集体，这样才能充分发挥个人的作用。团队精神的核心就是协同合作、互相补充，没有内核的团队就像一盘散沙，风一吹便散了。

一根筷子容易断，十根筷子折不断。企业应该怀着博大的胸襟迎接新事物和新思想，创造互惠合作、共创双赢的局面。高效的团队合作就像滚雪球，优势只会随着时间发展而越来越大。

9.3.2 信任：目标一致

优秀的团队往往更注重构建自身的价值观体系，其员工能在大小事情上自觉遵守和践行团队价值观，同时这种价值观也是团队管理者和员工评价自己工作和行为的标准。

构建团队价值观有以下7个步骤。

1. 明确团队发展目标及使命

一个团队要想构建出清晰的价值观体系,就要先明确团队发展的最终目标和团队使命。最终目标和团队使命给予团队前进方向,团队应在价值观构建前期便清楚团队发展目标及使命,从团队管理模式、团队管理制度、团队管理思想、团队成功要素、团队发展面临的风险等方面进行深入思考,制定团队价值观雏形。

2. 构建简洁、实用的价值观体系

团队管理涉及多方面管理,故而团队价值观也需要多方面与之对应。团队的价值观体系一定要系统、简洁、实用,要做到这几点,团队可以从以下几个方面着手。

(1)明确团队核心价值观,将重点放在体现团队文化的独特和出色方面。

(2)在明确团队目标的基础上,团队所构建的价值观需要具有可实践性,即必须有助于驱动团队朝目标前进,并能引导团队有效规避风险。

(3)核心价值观能有效统领价值观体系,对价值观体系起指导作用。

(4)构建价值观体系的过程中必须集思广益,保证全体员工的参与度与认可度。

3. 沟通、认知

价值观体系构建完成后,团队要做的就是重复和坚持。团队要将价值观传输给全体员工,保证员工的行为遵从团队价值观。当有新成员加入时,团队还需对新成员进行培训,传输团队价值观,保证团队上下思想统一。

在这个过程中,管理者必须发挥沟通和示范的作用。管理者在行动、培训、总结报告、工作报告、讲话、沟通时都要重点对价值观进行阐释和强调,不断进行重复,强化员工对价值观的认知。

4. 将价值观植入团队架构

团队架构和团队价值观相辅相成,关联密切。团队价值观影响团队构成,

匹配的团队架构有利于实践团队价值观，团队的各个组成部分的职责和水准应与团队价值观相符。

例如将价值观植入团队的招聘和培训中。在招聘时，团队应对应聘者进行考察，考察应聘者的价值观是否与团队的价值观吻合；在培训时，团队可以对成员进行价值观传输，以确保团队成员思想上不出错误。此外，团队还可以对员工进行专业技能方面的培训，例如销售团队可培训员工的口才。

5. 双向传输价值观

价值观的传输要从内部和外部两个方面着手。深刻内化是价值观传播的基础，没有经过深刻内化的价值观难以提升团队的凝聚力。打牢内化的基础后，再向外部传播团队价值观，有效提升员工对团队价值观的荣誉感和自豪感，丰富团队价值观的内涵，增强团队凝聚力。

6. 评估、反思

进行了上述步骤后，团队可对价值观实践的过程和效果进行科学评估，并以此作为改进的基础。评估过程中，要重点调查员工对价值观的认同度、团队当前氛围、价值观是否对团队中每个成员起到有效指导等。

7. 反馈、螺旋式提升

评估完成后，团队要依据评估结果进行反馈。对现存状况分析、归类并给相应对象反馈结果。根据结果和员工进行充分沟通，若有问题应提出切实可行的解决方案。

团队一定要充分地将价值观构建的过程和结果纳入已有的管理体系中，使价值观充分渗入团队运行的过程中，使价值观与员工的培训、晋升、奖惩等有效对接，并定期评估、改进，使价值观构建呈现螺旋式提升。

9.3.3 责任感：责任共担

《史记》中说："天下熙熙，皆为利来；天下攘攘，皆为利往。"人们工作的一个重要目的就是创造更好的生活，管理者要赚钱，员工也要赚钱。团队管理者一定不能有利冲在前、有责退在后，而是要学会承担责任、分享利益。

李嘉诚的用人之道可以总结为"以诚感人者，人亦以诚应之"。李嘉诚认为，只有善待下属，将好处与员工共同分享，与员工共同承担责任，才能得到他们的忠心辅佐。所以他的团队能人辈出，离职率很低。

当年，马世民被李嘉诚赏识，为了让马世民加入自己的团队，李嘉诚买下了马世民的整个公司，并给了马世民10%的股份。为了增强马世民对集团的归属感，李嘉诚让他以最优惠的价格购买长江实业集团的股票。当时，马世民的年薪至少有1000万港元。虽然后来马世民从和记黄埔离职，但李嘉诚依然保留了他能低价购买长江实业集团股票的权利。可见李嘉诚愿意与员工分享利益，这也是其集团凝聚力的来源。

任何一个团队或一家公司，员工都是直接创造利益的人。管理者纵然可以强迫员工服从命令，但这很容易引起员工的反抗，他们可能工作效率低下或一边工作一边寻求跳槽的机会。所以管理者必须冲锋在前，和员工一起承担团队的责任，大方地分享利益，让员工有着一种和管理者共同奋斗的感觉。

1908年，福特公司推出了T型汽车，非常受美国人的欢迎。福特汽车的销量大增，公司的盈利情况也非常不错。创始人亨利·福特向他的员工承诺：如果年底效益翻倍，在工资不变的情况下，每人可领到年薪总额30%的年终奖，以及2%~5%不等的分红。这一利益分享举措，让福特公司的员工受到了很大的鼓舞，他们更加努力工作，热情高涨，从而推动了公司的快速发展。

团队是一个整体，它的效益和员工的收益是相互依存的。管理者不能只把目光停留在眼前，通过压榨员工来节约成本，这样十分不利于团队长远发展。管理者要用切实的好处调动员工的积极性，让他们知道公司获利越多，他们也会获利越多，从而使员工形成自我驱动，为自己的利益而奋斗。

9.4 营销团队如何科学运作

当今时代，生活节奏的加快使大众的时间越来越碎片化。人们无暇关注五花八门的营销方式，也缺乏足够的耐心看完一篇营销软文，因此如何不落俗套地吸引客户的眼球成为营销团队每天都在发愁的事。本节将从4个方面出发，分析To B企业的营销团队如何才能掌握大众的心灵密码。

9.4.1 "1 对多"的互联网交流模式

互联网时代的交流方式不胜枚举，To B 企业要运用"1 对多"的交流模式，向更多客户展示企业的优点，让更多客户知道企业的强大。下文将以社群营销为例，分析"1 对多"的交流模式的优势。

传统模式下，企业需要一对一地为客户介绍产品的功能与优点，为客户答疑解惑。但近年来我国移动互联网市场迅猛发展，给移动用户生活、消费以及商业形态带来了巨大改变。从这股浪潮中可以看到的是，社群在未来营销中的重要性会有增无减。

我们作为自然人，生活在众多社群之中，我们在社群中扮演着不同的角色。以微信群为例：我们在"相亲相爱一家人"中扮演着儿女的角色，我们在"某某大学校友群"中扮演着毕业生的角色，我们在"某某项目交流群"中扮演着工作人员的角色。我们的身份随着环境的变化而变化，随着年龄与阅历的增加，我们结识到的朋友的数量也在增加。我们随手发的一条朋友圈会有人点赞，转发的文章会引起朋友热烈讨论，分享的美食会有人问那家店在哪儿，一件产品的用后感会引起一片"种草"。

这便是社群的力量，一呼百应。我们每个人都是日常生活中的 KOL，传播者基数足够大，企业无须再费尽心思打广告、做推广便能实现产品的营销。

9.4.2 用数字化工具分析市场

俗话说："工欲善其事，必先利其器。"To B 企业需要利用互联网的强大技术为企业赋能。To B 是大数据发展的主要业务领域，因为对于每一家企业来说，数据都是一笔非常巨大的财富。企业可以借助大数据分析消费者的行为和偏好，从而有针对性地进行产品推荐和广告投放。

现实正如我们喊了很多年的那句口号：科技改变未来。依托互联网大数据，如今 To B 企业能够更轻松、精准地收集到客户信息，更接近核心用户，从而引入流量以及实现高效转化。

本节将对前文提及的 CRM 系统进行详细讲解，介绍如何用 CRM 来量化海量的数据，最终得到最精准的市场数据。

CRM 以客户数据的管理为核心，可以帮助企业保持客户的信息处于最新状态，跟踪他们与企业的每次交互并管理他们的账户。与 ERP 系统不同的是，CRM 系统是以建立、发展和维护客户关系为主要目的，本质是整合客户信息、留住客户，从而实现客户利益最大化。CRM 整合信息的优点如图 9-2 所示。

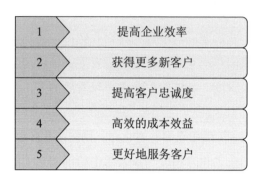

图 9-2　CRM 整合信息优点

1. 提高企业效率

CRM 可以解决企业各部门间信息不畅通的问题，也可以整合各部门的信息和资源，保证企业的各个环节良好、稳定地运行。此外，CRM 还可以优化企业的全部业务环节和资源体系，大大提高企业的效率。

2. 获得更多新客户

CRM 不仅用于处理现有客户，在获得新客户方面也很有用。例如从识别客户开始，企业可以将相应的数据存储在 CRM 系统中，通过跟踪潜在客户动态，最终将潜在客户转化为新客户或回访客户。

3. 提高客户忠诚度

企业通过 CRM 找到客户的需求，向他们提供能够满足其需求的产品，确保客户拥有最好的消费体验，最终达到提高客户满意度与忠诚度的目的。同时，这也为实现有效交叉销售创造了机会。

4. 高效的成本效益

与传统的业务方式相比，CRM 系统所收集的所有客户数据，能够有效简化业务管理流程，加强企业对客户的了解，提高员工的工作效率，最终扩大回报。

5. 更好地服务客户

及时处理客户的需求，并且从客户那里收集具有洞察力、可靠和及时的反馈意见，从而及时为客户提供现有的服务，对和客户建立良好的关系发挥着重要作用。

科学地分析市场需要企业拥有自己的 CRM 系统，它能科学地收集、整理、分析、管控客户信息，帮助企业在需要的时候调取客户的数据信息，达到效益最大化。

企业可以从各渠道搜集客户信息，包括但不限于公司已有的客户联系方式、转介绍、电销、网销等留下的客户记录。再将当前所掌握的客户信息编制、整理并录入 CRM 系统中，最后依照 MAN 原则判断客户的类型。MAN 原则是非常有效的客户分析模型，它能让营销团队在短时间内对所拥有的客户资料进行科学分析。MAN 原则的具体解释为：

（1）Money（M）：客户现阶段的经济实力。

（2）Authority（A）：客户购买权的确定性。

（3）Need（N）：客户对商品的需求程度。

企业可依照 MAN 原则进一步将客户划分为 A、B、C 等级。A、B、C 等级有顺序之分，其中 A 等级的客户是交易可能性最大的客户，他们是准客户群体，对于这样的客户，企业应优先关注；B 等级的客户为可能性交易客户，他们对交易的欲望低于 A 等级客户，转化成 A 等级客户需要一定时间；而 C 等级的客户是最不可能产生交易或交易待定的客户。

企业还可以从交易进展出发，将客户划分为准客户、意向客户、待定客户。这样企业可以针对各类型客户采取不同的策略，对症下药并转化 B、C 等级客户。

9.4.3　持续互动，跟踪服务

矛盾在事物中相互排斥又相互依存，构成对立统一。To B 订单具有利润高的优点，同时存在交付流程烦琐、交付时间较长的缺点。营销团队需要用积极的态度、优质的服务来弥补上述缺点，给予客户良好的消费体验。优质的服务能够为 To B 企业带来良好的经济效益与社会效益，长远来看更可以为企业塑造良好的业内口碑。

《荀子·大略》中有言："口能言之，身能行之，国宝也。"语言是行动的影子，行动是语言的土壤。营销团队需要把对客户的承诺落实到实际行动中，用真诚的服务打动客户，跟踪客户的后续产品使用情况。

1. 变被动为主动，重视每一位客户

无论订单大小，营销团队对待客户都应做到一视同仁。客户没有大小之分，很多不起眼的客户也许手中拥有百万订单的渠道。重视每一位客户，不轻视每一个小订单的成交，才是营销团队的长久发展之道。需要注意的是，在联系客户方面，营销团队要变被动为主动，不要等有需要了才去联系客户，争取把客户变成生意场上的朋友。

纪伯伦曾言："友谊永远是一个甜柔的责任，从来不是一种机会。"也许营销人员对客户一个微不足道的关心或偶尔为之的举手之劳，就成了其日后拿下大订单的契机。

2. 换位思考，建立客户信任

与客户建立的信任不是一朝一夕的短暂情感，而是一种历久弥新的情感。很多营销人员在销售产品的时候，只顾着陈述产品的优势，只站在自己的角度考虑问题，而忽略了客户的潜在想法与需求。优秀的营销人员应学会将心比心、换位思考，站在客户的立场上思考问题，从而与客户在情感上进行沟通，为增进理解奠定基础。

3. 以良好的心态面对客户

乐观是人即使遇到挫折和逆境，也相信事情会朝着有利方向发展的一种宝贵品质。乐观是营销人员的必备素质，乐观能够大大提高营销人员抗压能力，使他们在逆境中看到希望，重新找到正确的路。

没有人不喜欢充满正能量的人，乐观的销售方式会更容易接近和打动客户，

因为营销本身就是一种信心的传递和信念的转移。乐观具备强大的感染力和影响力，营销人员可以用积极的情绪对客户进行移情，让客户购买产品或者服务时，享受优质产品的同时还能获得良好的消费体验，拉近客户与营销团队之间的关系，让客户敞开心扉，更加期待与营销团队的交流与合作。

9.4.4　巧用事件营销，增加曝光度

事件营销指的是企业利用社会上某一时段内曝光度较大、社会关注度较高的人物或事件，通过策划和营销将品牌融合到事件中去，实现对品牌的营销和推广。事件营销在网络时代是一种较为普遍的营销方法，如果利用得当对企业品牌推广大有益处。当前，流量红利逐渐消失，公域流量成本不断攀升，这驱使企业要更善于运营营销资源。传统的消费企业面对眼花缭乱的互联网打法缺乏招架力，品牌声量被严重挤压。因此企业需要审慎分析事件营销具有的优势和劣势，扬长避短，妥善运用事件营销手段。事件营销的优劣如表 9-1 所示。

表 9-1　事件营销的优劣

优　势	劣　势
收益率高	企业本身的劣势容易被舆论曝光或抨击
渗透性强	
整合资源，形成口碑	
避免信息干扰	

如上表所示，事件营销有 4 个优势，分别是：收益率高；渗透性强；整合资源，形成口碑；避免信息干扰。

1. 事件营销的方法收益率高

在进行事件营销时，企业利用的事件一般是当前社会关注度高的事件。也就是说，如果企业运用事件营销的方法进行品牌推广，就不需要进行额外的引流。这是一种投入较低而回报较高的营销手段。

2. 企业用事件营销的方式推广品牌渗透性较强

相比于其他的营销方法，事件营销的社会关注度较高，许多不关注企业品牌的客户也会通过接触社会事件而接触到品牌。

3. 事件营销能够整合资源，形成口碑

在社会事件的传播过程中，一般会整合多重线上、线下媒体，诸如电视、报纸、微博、微信等，在传播中让客户看到信息的真实可靠性。企业的事件营销能够使品牌信息也兼具各种媒体传播的优势，并在客户心中产生可信赖感和口碑。

4. 事件营销能够避免信息干扰

在当今信息大爆炸的时代，信息的来源又多又广，客户在面对纷杂的信息时，也很难将夹杂在其中的品牌信息进行有效地区分辨别。因此企业进行事件营销能够有效隔离其他无效信息，让客户直接地接触到品牌信息，从而有效实现与客户的沟通和联系。

凡事都有两面性，由于事件营销利用的是社会热点，因此其中包含的品牌信息就会被全社会关注。尤其是在互联网信息高度透明的时代，在聚光灯下企业的任何行动都会受公众瞩目，如果企业本身有薄弱点和劣势，那么就会被社会媒体进行舆论上的曝光或抨击，这可能给企业造成难以挽回的损失，因此企业在进行事件营销时应当慎之又慎。

第10章
赋能成交：把握成单关键，提高客户转化率

如果将 To B 销售流程比作办案，那么销售线索便是找到作案者的蛛丝马迹。其实无论企业种类是什么，销售线索都是整个销售流程的起点与重点，因为它能够连结零散的信息片段，构成一条信息链，最终指向意向客户，创造交易机会。

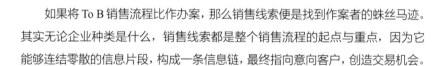

10.1 如何提高销售线索质量

有的 To C 企业能够实现 0 成本揽新百万客户，对此，很多 To B 企业都会产生羡慕之情，感慨自己怎么没有这种好光景。

其实 To B 企业无需羡慕 To C 企业的营销效果。首先，To B 企业受客户群体所限，本身很难引起如此轰动的传播效果；其次，这类病毒式的营销手段很容易获得大量没有用的销售线索，这反而是对营销资源的浪费。对于 To B 企业来说，线索质量的重要程度远高于线索数量，如何提高线索质量才是工作的出发点与落脚点。

销售线索的质量往往直接和客户质量挂钩，为后期的客户跟进提供了最基础的信息支持，在商业价值链中处于重要地位。To B 企业不妨从补充销售线索内容、建立管理机制两方面着手提高销售线索质量。

10.1.1 补充销售线索内容

据统计，广告的整体点击率在逐年下降，从 1994 年的 44% 下降到 2019 年的 0.05%。这个并不乐观的数据意味着用户的注意力越来越分散，不再认真观看广告内容，此现象也受碎片化阅读方式兴起的影响。但即便点击量锐减，互联网的受众基数还是很大，所以哪怕效率不高，非常多的 To B 企业还是在粗放地投放宣传广告，以期换回销售线索。

这就好比我撒出去一整袋米喂鸡，只有几只鸡爱吃米，剩下的米都被浪费了。但市场逼迫我下次继续为几只鸡而撒一袋米，因为如果我不愿意付出一袋米，连几只鸡都不会获得。用这个简单易懂的比喻来形容 To B 企业的营销手段再恰当不过，企业逐渐陷入高投入、低产出、不得不高投入的营销漩涡。

营销团队需要通过提高"米"的质量来脱离困境，用更丰富的内容来补充销售线索。具体的做法包括但不限于优化企业网站、提高付费渠道的严谨性、进行高质量的内容投放。

B端的投放获客，本质是用高质量的内容来吸引客户，这个逻辑与C端大不相同。C端用价格战或明星代言等方式便能轻松解决销售线索不足的问题，但上述方法在B端并不奏效，B端的客户更关注品质优劣。B端的客户都是企业中的精英人员，他们看待广告的眼光十分挑剔，更注重产品或服务能为他们带来什么价值，而不是这个产品是由谁代言的。

同时，相较于C端而言，B端的投放渠道比较单一，更遑论做到市场下沉。SEM广告这一基本形式占据To B营销的半壁江山，很多客户还是会通过搜索引擎来寻找解决方案。因此营销团队需要优化标题，直击客户痛点，让对广告产生兴趣的客户填写表单，销售团队随后跟进销售。

在投放SEM广告时，企业需要主要优化"关键词描述""企业官网"这两大板块，让搜索引擎能够通过最简单的语言展示出产品间以及企业间的差异，降低客户的理解成本，为付费转化提供基础。

为了提高销售线索的转化率，营销团队需要用丰富、真实的数据来补充线索。这就要用到CRM系统，通过CRM联系合适的潜在客户。

CRM可以优化企业与当前或潜在客户互动的方法。它通过满足客户个性化的需求来提高客户忠诚度，实现缩短销售周期、降低销售成本、增加销售收入、拓展市场的目的，从而全面提升企业赢利能力和竞争能力。

CRM为企业管理与客户之间的业务关系提供便利，为To B企业提供源源不断的销售线索，补充线索池。它通过实现客户生命周期的自动化并整合整个客户管理流程，使得企业对客户更加了解。这样就能使企业的产品体验流程更加个性化，企业的销售目标更容易实现。

10.1.2 建立销售线索评分和管理机制

在营销团队获取销售线索后，线索将被投入线索池中供销售团队跟进。这时双方经常会产生分歧：销售团队认为线索质量较差，客户需求程度不高，对产品不感兴趣；营销团队认为是销售团队没能成功激发起客户购买兴趣，而不是自己提供的线索质量不好。双方都秉持着"你行你上"的心理，彼此产生排斥情绪，长此以往销售便不再关注线索池中的线索，导致很多优质线索没能被及时跟进处理。

其实在实际工作中，需求特别强烈、马上就能签单的客户毕竟是少数，如果客户真的对产品有很强烈的需求大可选择电话联系销售，而不会有进线索池的时间。能够进线索池的线索来源往往只是某位客户通过一次活动想了解产品，短期内其实并没有购买计划。销售团队如果将时间都花在需求程度较低的客户身上，便会造成极大的效率浪费，可能电联了一天都没有一个客户有购买倾向。

此时，建立健全销售线索评分和管理机制便成为企业的重中之重。营销团队可以利用大数据对之前搜集到的各种线索进行分类，通过用户画像、职位等信息对线索进行打分。例如A客户在之前的活动中表现出了非常大的购买兴趣，营销团队便可以给其打90分；B客户主动打电话联系过企业，可以给其打80分；C客户只是随口提了一句"产品看起来不错，有机会我也想购买"，可以给其打60分。这样销售团队在触达客户时也会更有目的性与针对性，将视线聚焦在优质的销售线索上，从而提高线索的转化率。

10.2　To B营销如何提高线下转化率

"为什么我们的营销数据很好，变现率却很低？"这是很多营销团队都非常苦恼的问题。已经投出去的广告宣发已经成为沉没成本，但流量却没有变为真金白银。如何将To B营销转化为线下成交是许多To B企业亟待解决的问题。

10.2.1　缩短成交路径

在To B销售中，影响客户购买的因素有很多，例如企业的资质、定价比较、产品质量、售后服务等。为了避免各环节中客户的流失太过严重，To B企业应当建立一套行之有效的漏斗模型。

销售漏斗作为一种流程式数据分析模型，能够反映用户的行为状态以及从起点到终点各阶段的转化情况。当下，漏斗模型已经广泛应用于流量监控、产品目标转化等日常数据运营与数据分析的工作中，并且在提升转化率方面发挥了重大作用。

有了漏斗模型以后，企业可以对各个环节的转化率进行评估，然后再通过与其他数据分析模型的结合进一步分析用户的行为，找到客户流失的原因，以提升客户的活跃度、留存率。

当漏斗的层数过多时，客户的流失会成为一种必然现象，因为人们大多都讨厌烦琐的流程。当分析数据反馈的结果为成交路径过长时，营销团队需要缩短成交路径，用更为直截了当的方式让客户了解企业的优势，从而提高客户转化率。

10.2.2 用故事为品牌背书

背书是指在转让支票的过程中，转让支票的人要在支票背后签名（或盖章），背书的人会对这张支票负某种程度上类似担保的偿还责任。后引申为担保、保证的意思，即对承诺的事情或为说过的话做担保、保证。

营销是交流的艺术。取得客户信任是买卖成交的关键环节，是整个销售过程的开始，也是基础。任何销售交易都是从基础开始的，许多销售团队急于成交，往往忽略了最基本的工作。如果基础工作做得不好，交易往往是空谈。

在营销中，企业可以创造一个故事为品牌背书。在很多时候，一个品牌有了故事，就能够超脱品牌和产品的束缚。由于其具有的故事不断传播，即使并不是产品的消费者和使用者，也能在故事的传播过程中成为品牌的潜在消费者。小米公司创始人雷军的故事和小米公司的品牌一起在故事的传播中被无数人接受并传播，也因此有大量的潜在消费者从故事的受众中产生。

用故事打动客户，可以有效提高 To B 营销的线下转化率。很多知名的 To B 企业都拥有一个和品牌密切相关的品牌故事，大量的实践表明，故事营销是 To B 营销的优选方式。

10.2.3 线上活动落地方案

巧言漫天，不如笃行一件。线上活动的类型很多，诸如大咖直播、管理公开课、产品发布会、产品体验会、企业周年庆、促销活动、节日活动等，可以为企业带来非常不错的传播效果。但线上活动举办得再热闹非凡，结束后没人愿意下单也是竹篮打水一场空。线上活动如何成功落地成为很多营销人员苦恼的问题。

在开展线上活动前，营销团队需要明确手中有哪些资源，所服务的客户群体有哪些，希望通过此次活动达到什么目的。在明确了上述问题的答案后，营销团队需要开会研讨活动形式以及细节。

制作活动方案也是成本之一，因此活动不能仅办一次，营销团队需要挑选其中优秀的方案作为常驻活动来持续吸引客户。例如比较受大众喜爱的创始人直播活动，如果前几次都得到了观众的一致好评，那么可以每月都在平台上举办。同时还可以加入福利环节，如果有观众希望看到直播回放或是想要PPT，那么就需要填写企业发放的问卷或添加企业微信。

如果一个人对企业开展的活动完全不感兴趣，那么他不可能无缘无故地去填写一个暴露个人信息的问卷。既然他产生兴趣，就一定有需求，而这部分填写了信息的受众便是营销团队在接下来的工作中需要重点关注的销售线索。

客户感兴趣的方向不同，销售部门后期触达时使用的语言与策略也就各有不同。例如A企业举办了一场线上活动，活动主题为"To C品牌的社群营销"，营销团队通过问卷获得了销售线索，随后整理传达给销售团队。这时销售团队如果向客户推销SaaS，效果不会很好；但如果向客户推销SCRM，客户就会产生兴趣。

企业举办的线上活动需要与销售团队推销的产品匹配，同时要根据产品的特点找对切入点，这样才能有针对性地写方案、做活动，乃至于后期形成可供套用的SOP。

10.2.4 线下活动落地方案

2020年之前，To B营销团队更青睐线下活动，因为面对面的交流有助于双方谈成交易。但由于受新冠肺炎疫情的影响，2020年后的线下活动数量在逐渐减少，越来越多的营销活动转移至线上。线下拥有很多其他渠道无法超越的优势，例如，企业创始人在线下演讲，对于听众来说，演讲效果更佳、更直观，而线上这种隔着屏幕的交流方式需要用"组合拳"来达到更好的营销效果。

企业大会、产品沙龙、展销会等都是比较常见的线下营销途径，企业一般需要和联合赞助商、媒体、其他品牌、KOL 共同参加，会后需要请媒体撰写新闻稿进行宣发。可以说，线下活动耗时、耗力又耗钱，因此每一次线下活动都要做出效果，做出口碑。企业需要提前做好战略规划，根据营销目标将活动细化，用产品迭代、业绩提升来烘托气氛。

例如和其他企业合作举办产品沙龙，双方可以利用各自的资源进行引流与品牌曝光，引起更多潜在客户的关注。举办线下活动的核心在于创新与策划，企业可以邀请一些行业知名大咖进行演讲，获取更多销售线索，从而做到品牌、销量、效益三合一。活动创新需要追随行业浪潮，满足客户需求，这样才能吸引客户下单。

10.3 服务与转介绍

古语云："物以类聚，人以群分。"大客户的朋友一般不会是等闲之辈，往往也是具有无限商机的大客户。销售团队需要用真诚、周到的服务去打动客户，让其为你转介绍。口碑的力量是巨大的，转介绍是 To B 销售人员必学的一课，这会为企业带来很大的机遇与丰厚的回报。

10.3.1 提高客户黏性

客户黏性是客户对品牌的依赖程度，是衡量客户忠诚度的重要指标。例如很多邮箱服务企业因为客户不会轻易更改账号而长期没有提高服务质量，即便这样，客户也不会有较大的流失，这就是客户黏性高的表现。

只要让客户离不开企业，产品或服务就有了保障。To B 企业的产品在不断优化改进后存在一定程度的不可替代性，即不断根据客户的需求进行量身定制，提高客户的满意度。以 SaaS 为例，如客户选择不与企业进行合作，那么他就需要花费很长的时间去和其他企业进行磨合，而这会导致系统操作体验直线下降，于是客户会尽可能地和企业保持合作关系来维护系统的稳定性。可以说，让客户舍不得终止合作是一个企业最大的成功，对此有以下 3 种提高客户黏性的方法，如图 10-1 所示。

图 10-1　提高客户黏性的方法

1. 持续优化内容

信息爆炸使客户停留在广告上的时间弹指一瞬，新奇的、有价值的内容更能长时间吸引消费者的注意力。很多企业都是通过内容营销的方式提升品牌形象，即使在艰难的营销环境中，内容仍能开辟出一条道路，吸引客户的目光，取得成功。

什么是符合客户价值的内容呢？简单来讲就是客户需要什么，企业就提供什么；客户有什么问题，企业就提供解决问题的方案。所以有价值的内容一般有以下几点特征。

（1）引起客户的共鸣。情绪能够吸引客户的注意力，引起客户共鸣的增加记忆点。不论是积极的情绪，还是消极的情绪，都能成为驱动力。

（2）制作精良。原创的内容体现了企业的独特价值观，如果内容制作精良、可读性强，那么更能体现内容的价值。

（3）要能发挥作用。内容可以是增长见闻知识型的，也可以是日常生活中的实用小技巧。总之干货越多越有趣味，越能让客户接受。

2. 提高留存率

有些企业在解决了吸引新客户的问题以后，又会面临一个棘手的问题，那就是客户停留的时间太短。这意味着这款产品对客户失去了吸引力。解决这个问题最好的办法就是记录客户的留存率和流失情况，并采取相应的措施更正所犯的错误，吸引客户继续使用产品。

3. 高频互动提高活跃度

在新的市场环境下，企业需要把客户沉淀为品牌资产，将其视为亲密的"队友"，通过高频的互动提高客户的活跃度。

客户购买产品的过程不是一蹴而就的，而是逐层递进。如果想让客户喜欢上某个产品，营销团队需要对其进行逐层引导，不断地加强与客户的互动，让客户在不知不觉中对产品萌生期待。

10.3.2 客户成功部门是什么

客户成功部门是近年来新兴的一个部门，也是 B 端业务逐渐发展成熟的产物。客户使用企业提供的产品或服务是否实现了商品交易总额、工作效率、使用体验等方面的提升，是检验客户成功部门是否真的让客户成功的关键标准。客户通过服务达到了满意的效果，便会选择续费或转介绍，To B 企业因此得以发展下去。

双赢是 To B 企业与客户在合作中共同的目标。以客户为出发点，企业需要更深层次地了解客户需求，以此为依据对产品进行调整，并通过营销与研发两部门的支持，让客户使用得更满意；以产品为出发点，企业需要不断优化系统与服务，向客户提供精细化、差异化的服务，推动自身持续发展。

有一才有二。只有让一个客户真正满意，他才愿意续费或转介绍，这也是客户成功部门的运作原理。很多人对这个部门比较陌生，并好奇他们平时都要做些什么，只是单纯地和客户聊聊天吗？

顾名思义，客户成功部门的使命是帮助客户成功。同时，还要确保企业拥有足够的利益。客户成功部门需要定期去拜访客户，了解在使用中客户是否遇到问题，使用过程中有哪些可改进之处。

一般来说，使用 SaaS 或者 SCRM 的客户，很多是缺少技术支持的初创公司，或者是希望通过平台服务来实现业绩增长的大公司。在某种意义上，客户成功部门的工作已经脱离了营销环节。客户成功部门通过为客户解决问题、提供帮助，进而促使客户继续使用企业提供的产品或服务。

当客户企业发展势头越来越好、规模越来越大时，它们便会感激当初向自己伸出援手的客户成功部门，并加深与其的合作。客户成功部门与客户一荣俱荣，一损俱损，成为一个利益共同体。如果客户没有成功，他们不可能有精力、有资源进行转介绍。对于 To B 企业而言，客户企业的增长曲线，很多时候比自己的增长曲线重要，To B 企业和客户为"一根绳上的蚂蚱"。

10.3.3 价值互换，成为客户信任的人

天下熙熙，皆为利来；天下攘攘，皆为利往。当对方同样有利益需求时，交易的开展会更加顺利。利益交换的本质其实是资源整合，是将一些看起来彼此不相关的事物加以组合，达到互惠互利的目的，使各种资源自身的价值得到增值的过程。资源整合能力的高低，往往是衡量一位销售人员水平高低的一个非常重要的因素。

如果企业希望客户为自己转介绍，那么企业就要深度剖析客户的心理。我们不妨换位思考：我们有时候也是别人的甲方，当别人希望我们帮忙转介绍时，我们会怎么想？我们会将他的名片给自己的朋友吗？

所以，在平时我们也要像对待朋友一样对待客户，偶尔给予客户一些好处，与他们分享自己的利益或获利的线索，这样即使有一天他不再使用我们的产品或服务，我们也能多一个商界的朋友。

在资源共享的基础上，两个或两个以上的企业可以向彼此开放营销资源，进行共同促销，通过优势互补各取所需。销售团队明确自己想要的资源，了解别人想要的资源，通过资源交换获得自己需要的资源，这就是资源整合。

资源整合即明确自己拥有的资源，找到买家；明确自己所缺的资源，找到卖家，能用现有资源换回所缺资源，或以最小的代价买回来，实现现有资源的利益最大化。

资源整合在一定意义上就是实现资源互补。人之所以与他人交往，很多时候是想通过交往对象来满足自己的某些需求，这种需求既有精神上的，也有物质上的。无论是在生活中，还是在工作中，我们总会主动与一些优秀的人交好、合作，通过这样的方法来弥补我们自身存在的不足，从而达到互利共赢的目的。此种行为在销售行业同样适用。

10.3.4 优待老客户，寻求转介绍机会

如果客户签了订单，就代表他认可产品的品质与价格，而签订单时正是让其为你转介绍的好时机。首先，你应该向客户表达感谢。因为是客户用真金白银为你的事业添砖加瓦，所以，你要向客户表示自己非常幸运能够与他合作，并且与他交往的过程非常愉快。其次，大胆地请求客户把你推荐给他的朋友，在这个过程中你也可以用一些巧妙的方法，如给客户一些特权、承诺优先级等，让客户觉得自己被尊重、被重视，从而让他更加愿意为你转介绍。

某空调品牌参加长沙家博会，群发了近万条面向老客户与潜在客户的邀约短信。如果只是一条寻常的邀请短信，不会有很多人响应。但销售人员在短信中专门加入了一句话："为了感谢大家的支持，所有客户凭短信可享受88折优惠。"简单的一句话，却带来了比往常展会多27%的利润。

转介绍存在一个前提，即你的服务超出了客户的预期，客户十分满意。销售人员一定不要轻视客户人脉的力量，诚挚地为客户服务，并且坚信自己会得到转介绍。这就要求企业不仅要关注产品品质的升级，还要注重提升服务质量，为客户提供差异化的服务，从而为客户的转介绍奠定基础。

第 11 章

品牌管理：To B 企业更需要打响品牌

虽然 To B 企业和 To C 企业面向的客户群体不同，但目标是一致的：追逐利润，赢得竞争，谋求生存及进一步发展。要达成这些目标，企业需要从两方面入手：一是看重数量，开发尽可能多的客户；二是看重质量，让有限的客户尽可能多地购买产品。传统 To C 企业一般二者兼顾，而由于 To B 企业面向企业，客户数量相对有限，因而需要把工作重心放在后者，用品牌为产品背书。

第 11 章 品牌管理：To B 企业更需要打响品牌

11.1 为什么To B企业需要品牌营销

To B 企业面向的客户群体相对有限，所以，与其说 To B 企业是做品牌，不如说是做口碑。换句话说，既然面向的市场有限，那就让市场中的所有人都认可我、选择我。这便需要企业进行品牌营销：一靠优质的产品，这是企业安身立命的根本；二靠打响品牌，让市场牢牢记住你。

11.1.1 To B 企业客户的情感投射

企业应当学会为产品赋能，向客户提供更有含金量的产品，学会为客户创造他需要的价值。客户之所以购买某品牌产品，通常是因为"它令我开心""给人的感觉很特别"或"它有与众不同的意义"。相关市场调研显示，在购买产品时因为某些情感因素而选择某一品牌的中国消费者占所有消费者的30%。

现代社会的人们越来越注重情感消费。客户在选择商品时，不仅看重商品数量多少、质量好坏，还看重是否能获得情感上的满足、心理上的认同。情感营销通过满足客户的情感需要，引起客户心灵上的共鸣，在营销中加入人情味，从而在竞争中取得胜利。

美好的事物往往蕴含着人文赋予它的情感与心境。语言或产品有了真情的贯注，就有了永不枯竭的活力，可以抵御岁月的磨损而历久弥新。人们买一个蛋糕，品尝的是甜蜜的祝福；看一场电影，获得的是一份记忆与感悟；品一杯咖啡，其实是品味悠闲；买一份礼物，传递的是情谊。优秀的企业应学会给产品附加情感价值，以此打动客户的心，用细水长流的感情培育客户的忠诚度。

11.1.2 To B 企业采购存在避险心理

"因为没有安全感，所以不敢轻易下单。"一位多年在 To B 企业从事采购工作的经理的一句话道出了销售行业面临的窘境。客户采购时首先考虑的最基本的问题，就是产品质量问题。

举一个简单易懂的例子，一家上市公司有购买 SaaS 服务的需求，但因为交易风险过大，所以采购人员基本不可能和网络上搜索到的人员进行对接、合作。采购人员更倾向于寻找相关软件的销售经理来寻求合作。

安全感是一种个人感受、一种心理体验，它来自一方对另一方的感觉。如果你的言谈举止等方面让人放心、使人感到舒服、可以给人依靠，那对方就会有安全感。客户企业的采购人员对 B2B 产品的选择会非常谨慎，因为他的选择很大程度上影响接下来一段时间的项目规划。如果产品选择不当，很有可能影响企业今后的正常生产，给企业带来经济上的损失。因此 To B 企业采购人员普遍存在避险心理，不求价格求质量。

企业需要用品牌的背书给采购人员吃下定心丸，让他对产品产生信任。信任是交易的基础，人与人之间的信任是通过交集建立和连接的。交集可以是生活交集、工作交集或者感情交集，交集越多，人与人之间的信任度就越高。企业与客户建立信任关系的过程也是加深对客户了解的过程，这不仅有助于获得客户的认可和青睐，还有助于企业在后续销售的过程中做出精准的决策。

11.1.3 To B 企业不只看重成交价格

在 To B 企业成交的订单中，产品质量、售后服务都是优先于产品定价的影响因素，这也是 To B 采购的特点。企业面向企业，双方的预算比较充足，客户企业也愿意为高质量的产品和服务付出溢价，以收获更好的使用体验。

通俗地讲，建立品牌的目的是让企业和产品更值钱。只有品牌有了溢价才能提高收益，实现更大价值。很多企业进行品牌营销时往往会认为品牌只是个名称，而忽略掉创立品牌的目的或者对此理解得不透彻。

试想：你去超市买可乐，超市里有两种可乐：一种是可口可乐，另一种是不知名的可乐。可口可乐每瓶 3 元，不知名的可乐每瓶 2 元，你最后会选择哪款可乐呢？很多人都会选择可口可乐。同样是碳酸饮料，同样是瓶装饮料，同样的容量，可口可乐和竞争对手的 1 元价格差就属于品牌的溢价。在这个销售过程中，消费者在没有第一现场推销的情形下自主选择了商品。但看似自主却是被动的——定价权在品牌,只不过是消费者心甘情愿地接受了品牌溢价,而消费者得到的是安心的质量、稳定的口味。

在 To B 市场中更是如此,客户对产品质量的挑剔很多时候高于对定价的挑剔。产品品质是客户首先考虑的因素,客户购买企业的产品或者服务,目的在于通过产品来解决目前遇到的问题或实现一些功能。因此,只有保证产品品质值得客户付出溢价,才能让客户对企业建立长期的合作意向,这也是品牌溢价的深层目的。

11.1.4 工业富联:关灯工厂

2019 年 1 月 10 日,世界经济论坛宣布工业富联的"关灯工厂"(如图 11-1 所示)入选制造业灯塔工厂名单。工业富联正式成为中国 5 家、全球 16 家工业 4.0 未来智慧工厂的成员。

图 11-1 工业富联的"关灯工厂"

工业富联目前已有超过 7 家"关灯工厂"在国内开展生产,并计划在未来两到三年内对这些工厂进一步优化升级。企业计划在现有基础上继续完善工厂的 IT 系统架构,升级自动化流水线,为进一步智能化打好基础,实现机器与机器、机器与人、人与人之间的信息畅通、联结合作。工业富联的"关灯工厂"战略看似复杂,从点、线、面 3 方面进行理解,我们可以看到工业富联的战略宏图。

第一阶段是工业自动化,可以称之为"点"。用机器人代替人来担任一些机械性行为的、危险的、不健康的工作,如车床加工、流水线分拣等。

第二阶段是整条生产线的自动化,可以称之为"线"。通过优化生产流程、精简步骤、减少人的使用频率来缩减成本。

第三阶段是整场自动化,可称之为"面"。进一步优化产品生产线,在生产、分拣、运输、检测等流程实现少人化或无人化。

以此次入选制造业灯塔工厂名单的深圳"关灯工厂"为例,其整个项目导入 108 台自动化设备,并完成联网。整体项目完成过程中,SMT(Surface Mount Technology,表面组装技术)导入设备 9 台,节省人力 50 人,节省比例 96%;ASSY(Assembly,总成)导入设备 21 台,节省人力 74 人,节省比例 79%;Test 导入设备 78 台,节省人力 156 人,节省比例 88%;共节省人力 280 人,节省比例 88%,提升效益 2.5 倍。从中可以看出,虽然"关灯工厂"的前期研发成本相较于传统人力模式要高出不少,但整体效益的提升效果十分显著。

原工业富联副董事长李杰曾表示:"富士康以前靠'蛋黄'(产品)赚钱,而工业富联是'蛋黄+蛋白(服务)'的盈利模式,服务端也可以赚钱。当我有很强的'蛋黄'的时候,我越做越好,效率很高,节省很多,我再把'蛋黄'和'蛋白'连在一起,服务端也赚钱,这个市场一定会是一个很好的市场。"

工业富联用"关灯工厂"这一全新的概念为自己打响了品牌。随着时间推移,"关灯工厂"会逐渐受到广大制造类企业的关注与青睐,届时很多企业会与工业富联进一步合作,提高生产效率。

11.2 品牌定位

品牌定位代表着一个企业希望大众对自己产生何种认知,这实际上是"术业有专攻"的表现。当客户想购买某类产品时,能够立刻想到你的企业的产品,那便是真正建立了品牌。To B 企业的品牌定位需要依托产品来进行,不断创新、优化服务,用强而有力的产品与品牌给客户留下深刻印象。

11.2.1 企业客户画像：基本信息、常用媒介、购买流程

营销团队每天都在为如何迎合客户的喜好而焦头烂额。随着科技发展与社会进步，大数据的出现为企业提供了解决方法。构建客户画像能够帮助企业更好地精准营销，使企业针对不同的客户进行针对性的广告投放以及给他们提供差异化服务，深挖出客户潜在的商业价值。

很多 To B 企业的营销团队会感觉 B 端的客户画像十分抽象，因为客户都是企业，难以归类在一起。但即便绘制的对象是企业，也会存在普遍的共性。企业可以按照企业规模、采购数量、盈利情况等众多因素将客户分类，随后结合上述所有因素对客户画像进行勾勒，最终得出具有企业特色的客户画像。

通过客户画像，企业可以了解到客户的基本信息、常用媒介、购买流程等关键信息，从而明确业务方向，调整营销内容，开展产品迭代，以更好地适应市场，脱离广撒网却捞不上来鱼的困境。

11.2.2 关键人画像：基本信息、话语权、接受能力

虽说 To B 交易是企业面对企业来进行采购，但真正做出决策、采购行为的主体还是客户企业中的关键人以及采购团队，因此我们需要明白以及满足关键人的想法与需求，从而推动交易进行。无论 To B 企业的产品是生产设备还是服务，企业的营销团队都面临一个普遍的痛苦：销售产品时被客户烦琐的决策流程所折磨。更有甚者，决策流程走到一半，关键人发生更换，前面的流程还要重新谈。

其实在大部分 To B 企业采购中，找对关键人就可以顺利签单。关键人希望通过产品来解决什么问题、实现哪些价值，都是 To B 企业需要考虑的内容。企业们不妨建立一个针对关键人的、更具体的、更个人化的客户画像，对此进行分析。关键人的画像往往包括两种属性：职业属性与个人属性。

职业属性包括关键人在采购流程中所扮演的角色、职位、权力以及过往采购经验等；个人属性则和传统 To C 企业建立用户画像参考的各种因素类似，包括性别、年龄、职业、地域等。在了解这些信息后，企业便可以绘制出关键

人画像，分析关键人的基本信息、话语权重量、接受能力强弱，进而帮助营销团队调整销售方向，提高线索转化率，完成营销目标。

11.2.3 差异化的运营与传播

当下很多 To B 企业都觉得面向的客户群体不多，做好产品和服务就好，做运营是一件吃力不讨好的事。但其实 To B 企业的运营作用很大，关键在于建立健全量化机制，用数据与指标去衡量大问题、大指标下的影响因素，从而找到不足之处与优化方向。

经典的用户增长模型 AARRR（Acquisition、Activation、Retention、Revenue、Refer）将客户运营分为用户获取、用户激活、用户留存、用户营收、用户推荐 5 个阶段，该模型体现了产品的生命周期。客户分层是一个动态的演变过程，当企业对客户使用状态进行划分，客户便不再是一个整体，而被分为不同的层级。所以企业需要通过划分客户层级，采取相对应的服务方式，来推动不同层级的客户进行交易，实现客户的差异化运营。

下面以一位 To B 电商 F 企业为例。F 企业的客户在使用产品时，会进入注册、活跃、购买、复购等不同阶段。对于处于不同阶段的客户，F 企业会开展差异化的运营来促使客户向下一阶段转变，如图 11-2 所示。

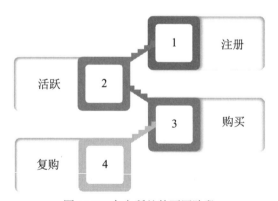

图 11-2 客户所处的不同阶段

（1）注册：企业希望他们可以深入体验产品，成为活跃客户。

（2）活跃：加大产品的使用频率，最好可以促成购买。

（3）购买：客户购买产品。

（4）复购：做好忠诚客户维护，增加复购次数。

对于前两个阶段的客户，企业还需要使用 RFM 模型，将客户从最近一次消费、消费频率、消费金额 3 方面进行细分，更好地满足顶层客户需求。

F 公司按照 RFM 的 3 种指标对付费客户构建出一个数据立方体，把该层级客户分成几种不同的群体，不同的群体有不同的特征，更有不同的运营策略，如图 11-3 所示。

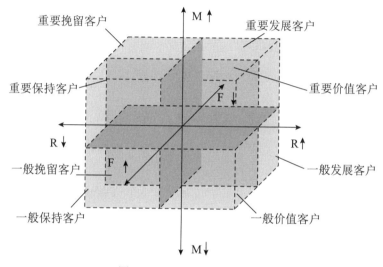

图 11-3　付费客户 RFM 模型

重要价值客户：最近一次消费时间较近，消费频次和消费金额高。该群体是企业运营的重点。

重要保持客户：最近一次消费时间较远，消费频次和消费金额高。这是一类忠诚客户，企业需要主动联系、用心维系。

重要发展客户：最近一次消费时间较近，消费金额高，消费频次不高。这些客户对于品牌的忠诚度不高，但消费金额很可观，是企业需要重点发展的潜力客户。

重要挽留客户：最近一次消费时间较远，消费频次不高，消费金额高。这部分客户即将流失，企业需要采取相应措施进行挽留。

相较于 To C 企业，虽然 To B 企业的运营无须面向太多受众，但是二者维护老客户、发展新客户的宗旨是一样的。但 To B 企业基本不通过流量、广告等方式盈利，而是完全依仗客户购买。拥有客户、留住客户的根本在于采用差异化运营方式，这既是对客户的尊重，也是维系客户的手段。

11.2.4 华为：人格化品牌形象

市场营销大师菲利普·科特勒曾在其著作中指出："企业的整个经营活动要以顾客满意度为指针，要从顾客角度，用顾客的观点而非企业自身利益的观点来分析考虑消费者的需求。"

华为是践行上述理念的个中翘楚。其用实际行动向广大受众证明：一部智能手机的价值绝不仅是机械展现的硬件参数，而是充满人格化的使用体验。为品牌加温的最简单、最直接的方法便是让用户感受到产品中的人文关怀，实现品牌与用户的有效沟通。华为在这方面表现出色，用平等、亲切的态度与用户对话，实现了在人格化品牌发展道路上更进一步。

在《华为公司基本法》中曾有一条："为客户服务是华为存在的理由"，后来任正非将其改为："为客户服务是华为存在的唯一理由"。在流量为王的当下，许多手机厂商已经习惯于通过铺天盖地的营销来造势，让产品信息如空气般围绕在大众身边。我们不能否认这种方法，因为它的确为产品带来了可观的销量，对于企业来说是好事。但长此以往，企业尝到了营销造势的甜头便只会花更大力气投放宣发，不会再将心力用到产品上。

营销最根本的内容依然是产品，这是不容置喙的。百年老树，根系错杂；高楼大厦，始于地基。华为不论是在研发上，还是提升服务能力上，都不吝啬成本，在当下浮躁的市场中显得有些"格格不入"。

华为 2020 年的研发投入高达 1418 亿元，相当于国内企业第二至第五名的金额总和。华为在全国企业中研发投入位居第一，全球位居第三。研发方面的高投入是华为强势崛起的根本原因。这种研发投入力度在手机行业实属罕见，而华为用户数据增长背后不容忽视的是华为的技术赋能服务。

自 2018 年 9 月起，每月第一个周五、周六、周日是华为的"服务体验日"。华为用户如果有手机维修需求，可到店享受多重服务，包括维修后免费寄回、保外维修免人工费、到店免费保养、现场小讲堂、配件 9 折优惠等。

华为站在用户的角度，用熟稔、亲切的语气和用户交流，了解并满足用户的需求。这样的做法虽然短期内成效不明显，但逐渐受到用户喜欢、支持是可以预见的事。一个愿意倾听、改进的企业，一个充满人文色彩的品牌，不会被任何困难束缚，因为用户体验抑或说民心，是企业解决困难最有力的帮手。

华为凭借 17.8 的得分荣获"2018 年 C-NPS 中国手机行业顾客最推荐品牌"第一名，得分的相关数据由中国品牌评级权威机构 Chnbrand 发布。此前该奖项的第一名一直是苹果，华为是首个获得该奖项冠军的国产手机品牌。华为的第一步，让大众看到了国产手机进步的一大步，也是大众观念转变的一个"支点"。如果华为不断为"支点"加码，那么它迟早能撬动整个"地球"。

唯有看到用户的需求，才能打造一个具有人格化的品牌，才能获得民心，而华为恰精于此道。

11.3 推广渠道

新媒体对于企业品牌营销有着非常深远的影响。在当今时代，企业品牌的知名度和美誉度建设更多地通过新媒体完成，其对大众的影响潜移默化且深入人心。但 To B 企业与 To C 企业在新媒体运营数据上的差距很大，To B 企业浏览量、分享率、变现率等方面的数据都非常差。

这样的现状让很多 To B 企业逐渐放弃新媒体营销，也让很多还未开始的企业望而却步。To B 企业应明确现有的问题，思考如何摆脱困境，做好企业的新媒体运营。

11.3.1 微博平台：制造互动话题

随着纸媒逐渐没落，线上媒体也有着翻天覆地的变化。微博是近年来媒体界的常青树，无论年龄与职业，多数人都认可微博平台的公开性，大多数企业都愿意把微博作为新媒体营销的主阵地。因为与其他平台相比，微博有着快速发言、公开阅读的优势，这种优势可以帮助品牌实现更好的传播效果。很多娱乐八卦类、美妆类、星座类、新闻类的微博账号，在粉丝的助力下通常都会有很高的人气。

支付宝的一次抽奖活动曾引发了微博的舆论轰动，在短短 6 小时内就实现了百万转发量。支付宝在关于抽奖的第一条微博中没有透露具体的奖品信息，而是让大家关注评论区的内容，如图11-4所示。网友在评论区积极地讨论起来，一时之间，众说纷纭，将全网的好奇心调动到了极致。

图11-4 支付宝抽奖活动第一条微博

1小时后，支付宝发布了详细的奖品内容，其中涵盖了国庆期间的吃、喝、住、行，让网友们叹为观止。这个豪华大奖让支付宝的这条微博获得了空前绝后的转发量，迅速登上了微博热搜榜。只有一个中奖用户的活动特点也为活动创造了极高的话题度。

这一活动借助国庆节的热度和"锦鲤"这一传播性极强的话题，在前期造势时就获得了巨大的反响，活动开始后更是有着空前的参与度。即使中奖概率极低，但参与方式简单，因此很多网友都抱着"试试看"的心态去尝试，使得活动的传播效果非常好。

11.3.2 微信平台：打造高效吸金平台

自从微信成为人们日常沟通的必备工具后，微信也逐渐成为各大企业进行品牌宣传的主要渠道。与微博相比，微信的优势体现在内容精练和极高的用户黏性。例如，内容设定精准化、排版精致有美感。因此，企业可以通过微信推送极具吸引力的高质量内容，从而激发消费者的互动积极性。

微信营销的主要工作是把内容做好，精准引流，促进转化。对此企业需要做好以下几点。

1. 利用好公众号

公众号文章的标题一定要有非常鲜明的特点，最好让读者一看到就能知道大概内容是什么。这样才能激发他们的阅读欲望，从而增加点击率。此外，一定要重视对微信"小尾巴"的设置，所谓"小尾巴"就是每篇公众号文章末尾的品牌或产品介绍，如图 11-5 所示。这个内容的位置要恰到好处，篇幅不要太长，否则容易让被内容吸引进来的消费者产生被欺骗的感觉。

想加入我组建的社群xxx的朋友，请点击"阅读原文"，可以了解详情。

xxx，上线三个月，已经招募了近四百位付费会员，有微博粉丝数四百万的超级大V，有年收入千万百万级别的创业者，有高校老师，有音乐人，有哈佛学生，有中科院博士，还有很多海外的朋友，汇集了来自各行各业不同背景的朋友，我们也欢迎你的加入。

在阶层固化的艰难时代，我们一起探讨普通人致富成功的逆袭之道。

加入xxx　　　，请点击"阅读原文"，了解详情。

图 11-5　微信"小尾巴"范例

2. 开放评论区

微信官方开放了评论区功能，所有用户都可以在评论区表达想法、提出建议。而且其他微信用户也能看到这些评论内容，如果引发他们之间的讨论，很可能会刺激一部分潜在消费者关注品牌。因此，允许并接受消费者参与品牌讨论是品牌圈粉的重要基础。

3. 利用好 H5

微信作为日常聊天和支付工具，被点开频率是非常高的。微信的群消息、朋友圈都是非常优质的品牌展示空间，但因为手机屏幕的空间限制以及人们高频率的社交特性，精练的内容是微信营销的关键。用一句简短的话、一张优质的图片让对方能够一目了然，H5 便实现了这一目的——用链接的方式让对方一键触达详细信息，同时企业还可以用 H5 来设计交互选项，收集自己想要的信息。

4. 开发小程序

微信小程序有很多优点，例如不占手机内存，这对不愿意下载App的用户来说是巨大的福利；支持付费可以更好地实现付费营销需要，提高成交率。

11.3.3 直播平台：近距离接触，扩大影响力

近几年，直播逐渐走入人们的视野。本着用户在哪儿，营销就应该到哪儿的原则，许多企业都对直播做了尝试。一些知名主播甚至实现了一场直播千万销售额的神话，让更多企业坚定了拓展直播营销渠道的信心。

但品牌营销不只有卖货一个目的，长远来看，只有优质产品与高吸引力的品牌相结合，才能长期、高效地影响目标消费群体，促进品牌效益及口碑的提升。因此，直播营销不能只为了卖货，还要创新模式，以帮助品牌获得长久的影响力。

明星代言是最常见的营销方式，品牌可借助明星的影响力迅速打开市场，建立知名度。国货品牌花西子选用的代言人有周深、杜鹃等。流量明星的代言及明星主播带货，使得花西子在两三年间从众多国产彩妆品牌中脱颖而出。

《2020年直播带货趋势报告——主播影响力排行TOP100》显示，2020年6月至12月期间，花西子是直播带货领域的销量冠军。

2019年的后半年，花西子一共发布了6款新品。在直播间出现过的产品，月均销量在10万笔以上；没有出现过的产品月销量仅为1000笔左右。

网络用户对内容质量的要求在不断提高，平庸、低俗的内容已经无法满足用户的精神诉求，因此，如何进行高品质的直播便是一门学问。随着直播相关产业的发展和从业者文化素养的提高，直播内容可能会越来越有内涵、有深度，"内容直播"有望成为未来直播营销的大趋势。

11.3.4 知识型平台：宣传企业核心理念

知识分享类平台在近几年取得了极为迅猛的发展，知乎是其中最为典型的一个例子。从目前情况来看，知乎已经成为中国首屈一指的分享类社区，它的

帖子不仅有很强的专业性，还包含了丰富的互联网文化，知乎的受众群也越来越广。

企业的核心理念比较适合在知乎平台上宣传，如产品测评、新产品技术解析等。那么企业应该如何利用知乎进行营销呢？有以下 4 种方法，如图 11-6 所示。

图 11-6　利用知乎营销的 4 种方法

1. 选择合适的推广方法

在知乎进行推广有两种方法。第一种，在自我介绍中加入推广信息；第二种，在回答问题的末尾加上推广信息。

上述两种推广方法各有利弊。第一种方法的优点是展现效率很高，不管读者有没有看完帖子，都有机会看到推广信息；缺点是转化率比较低。第二种方法的优点是转化率非常高，缺点是展现效率比较低。

2. 做好企业的知乎定位

为了营销的精确性，企业还要给自己的知乎定位。选择一个合适的话题，把这个话题做好、做精，才能吸引目标消费人群。例如，选择"护肤"这一话题，就要寻找一些与"护肤"有关的子话题，并把这些话题都运营好，这样才能保证对"护肤"感兴趣的读者都能看到帖子。

3. 对问题进行准确判断

在提问之前，企业要先判断这个问题可能会获得的关注度，因为关注度越高的问题，越有可能形成话题，吸引更多人参与讨论。例如新闻热点、娱乐热点等一般都能引起广泛的关注。

4. 写高质量答案

答案质量是决定关注度的关键。优质答案应有两个特点，即亲身体会、图文并茂。知乎用户通常都比较关注答案的真实性，而图片能极大地增加答案的真实性，只要保证了这一点，帖子就能取得非常不错的传播效果。

除了在知乎营销，企业还可以在许多其他的平行的平台进行品牌建设，宣传企业的核心理念，例如在百度百科、360百科、百度知道、搜狗问答、天涯问答、百度文库、百家号、得到App等平台宣传。

11.4 To B企业品牌运营秘诀

如果一家企业成立的第一个目标是生存，那么第二个目标就是生存得更好。对于企业来说，市场占有率与利润率二者共同构成土壤，品牌则是基于此开出的花。客户被花香吸引而来用资本进行施肥，花朵最终蔓延成一片花园。

To B 企业需要用品牌来为自己传播声浪。To B 企业品牌的核心作用在于提升传播效率，力争在最短的时间内让客户了解产品，缩短客户决策时间，推动交易进行。

11.4.1 全渠道融合，建立新媒体矩阵

近几年，企业大都采用全网营销的方式，例如企业在自有App、微信、微博、电商平台、搜索引擎等多种渠道投放广告。这意味着宣传渠道趋于多样化，品牌覆盖范围更广。这种全方位、多维度的营销方式，让品牌的宣传内容随处可见，在很大程度上提升了品牌的知名度。

新媒体矩阵包括横向矩阵和纵向矩阵两种类型，企业需要根据实际情况来进行选择和搭建，并且不同平台的受众有很明显的不同。品牌团队只有深入研究不同平台的规则，才能化零为整地做好新媒体矩阵的搭建和管理。

1. 横向矩阵

横向矩阵也可以称为外矩阵，指的是企业在全媒体平台的布局，包括自有 App、网站以及各类新媒体平台，如微信、微博、今日头条等。一些常用的媒体平台，如表 11-1 所示。

表 11-1　常用的媒体平台

专业类	新闻类	公众类	商媒类	资讯类	问答类	八卦类	微博类	文青类	财经类
微信朋友圈	网易	网易云阅读	艾瑞网	UC头条	百度文库	天涯论坛	腾讯微博	简书	雪球
新浪博客	搜狐	微信公众号	品途网	ZAKER	百度知道	百度贴吧	新浪微博	豆瓣	
FT中文网	今日头条	腾讯企鹅号			知乎				

2. 纵向矩阵

纵向矩阵也可以称为内矩阵，指的是企业在某个大的媒体平台进行各个产品线的纵向布局。例如，微信可以布局订阅号、社群、个人号、小程序等。表 11-2 是微信、今日头条和微博的纵向矩阵。

表 11-2　微信、今日头条和微博的纵向矩阵

微　　信	今日头条	微　　博
订阅号	头条号	状态
服务号	抖音	新浪点
社群	悟空问答	秒拍视频
个人号	西瓜视频	一直播
小程序	火山小视频	爱动小视频

企业搭建新媒体矩阵的作用主要是优化宣传效果，从而实现内容多元化、风险分散、协同放大宣传。

1. 内容多元化

每个新媒体平台都有自己的风格，例如微信公众号以图文为主，抖音以短视频为主。企业在多个平台上建立账号，可以使营销内容多元化，从而吸引不同的受众。例如，钉钉在 B 站发布的"自黑"视频，吸引了许多年轻用户的关注，拓展了产品的受众范围。

2. 风险分散

企业在一个平台集中运营，如果账号被封掉，那么前期所有的营销努力都会付诸东流。例如，"毒舌电影"的微信公众号的大号遭到永久封禁，而"毒舌电影"在此之前就开发了相关的App，及时将粉丝导流到了新平台，从而降低了封号的影响。

3. 协同放大宣传

形成新媒体矩阵后，不同平台可以形成互补。企业可以先在微博上为营销活动造势，然后在微信平台上进行转化，最后在其他媒体平台分发品牌公关稿，最大限度提升曝光度。这样消费者可能先在微博上看到产品宣传，对产品形成印象，又在微信上看到该产品的宣传，进而产生消费冲动。

对于To B企业而言，搭建新媒体矩阵的难度较大。因为To B企业的观念与工作方法都需要根据B端市场的发展进行更新，且传统与现代很难实现无缝对接，很容易陷入太过俗套没人爱看或太过高深没人看得懂的怪圈。

11.4.2 精准投放，产品公关锁定目标人群

在移动互联网时代，信息碎片化、消费个性化导致严重的广告浪费，其中很大程度是因为营销人员缺乏广告投放的专业知识。即使广告产生流量，也不知道哪部分广告发挥了作用，甚至根本不知道如何去找目标用户。

每个人的需求不一样，没有一个产品适合所有人，因此做营销时，企业需要选择不同的渠道和方法。以新产品推广为例，有的产品需要投放软文，有的产品需要投放到微信大号，有的产品需要举行发布会等。营销人员要自定义用户人群，建立精准的获客途径，这样才能获得有效用户，提高产品销量。

所谓自定义人群，是一种特殊的定向条件，营销人员可以针对不同用户群体建立自定义受众，从而锁定高潜力用户和目标用户。例如，营销人员投放一个广告，需要覆盖已注册App但未付款的用户，营销人员就可以根据过去1个月内注册App的用户创建受众，还可以对其他已经投放过的用户进行屏蔽。

自定义人群主要是为了：第一，锁定高潜力人群。营销人员基于用户数据和其他第三方数据，锁定这部分人群，进而进行老用户二次转化。第二，排除

非目标人群。营销人员同样可以基于数据不再将广告投放给某些用户，如已经投放过的用户或曾安装过企业的相关 App 又卸载的用户等。

企业要通过大数据分析将广告投放给高潜力人群。在这个过程中，营销人员不仅可以制作用户画像，还可以精准分析用户状态，从而制定相应的营销策略，设置适合的场景，将信息传达给受众。

以腾讯社交广告平台为例，企业可以根据地域分布、性别、学历、喜好等信息筛选用户，划分出第一方、第三方人群，实现基于受众的精准投放，有针对性地触达精准人群。

例如，某个餐厅品牌利用微信广告的自定义打点辐射功能，以店铺周边为锚定点，结合用户属性和兴趣标签进行广告投放。这种方式增加了广告投放的灵活性和自主性，避免了不必要的资源浪费。最终该餐厅获得了极好的营销效果，总曝光超过 10 万人次，卡券领率达 80%。很多消费者到店后还参与了其他优惠活动，引流效果十分明显。

To B 企业的运营人员每天都需要监控数据、复盘、调整策略，确保自己不落后于时代潮流。每个品牌的运营都是一个长期的过程，很难一蹴而就，在运营过程中，企业应当有计划地、及时地优化运营流程。

11.4.3　打造 IP，持续输出价值

品牌是一种信用保障，如果产品质量不过关，甚至存在巨大的缺陷，那无论营销人员运用什么方法进行品牌营销，品牌都是不稳定的。因此，营销人员不应只关心产品的销量，也应着眼于产品质量，促进产品不断改善升级，从而打造良好的品牌形象。

以三只松鼠为例，三只松鼠连续两年荣获坚果类食品销售冠军，一跃成为国内食品行业的知名品牌。根据招股书数据显示，2014 年至 2017 年上半年，三只松鼠的营业收入分别为 9.24 亿元、20.43 亿元、44.22 亿元、28.94 亿元，同期净利润分别为 -1286.49 万元、897.39 万元、2.37 亿元、2.41 亿元。三只松鼠的营业收入如表 11-3 所示。

表 11-3　三只松鼠营业收入表

单位：元

项　　目	2017年1—6月	2016年度	2015年度	2014年度
营业收入	2 893 960 159.34	4 422 696 237.71	2 043 062 013.84	924 472 682.84
营业成本	1 999 780 138.14	3 087 253 780.49	1 493 434 928.38	701 209 491.15
营业利润	322 765 944.97	316 097 760.70	14 613 765.03	-14 788 541.08
利润总额	321 212 155.84	315 844 175.49	15 467 899.61	-14 174 005.61
净利润	240 517 435.68	236 500 303.74	8 973 854.00	-12 864 865.08
归属母公司股东的净利润	240 517 435.68	236 500 303.74	8 973 854.00	-12 864 865.08
归属母公司股东扣除非经常性损益后的净利润	239 492 079.74	247 717 510.25	2 845 092.46	-23 871 367.07

三只松鼠的销售额与知名度的提升，与其全方位、多维度的网络营销是分不开的。

1. 微博转发抽奖

三只松鼠常在微博发布抽奖活动，用户为了获得奖品而主动转发微博，形成传播，以此达到扩大品牌知名度的目的。

2. 电视剧广告植入

在《欢乐颂》《好先生》《小别离》等电视剧中，都可以看到三只松鼠的植入广告。营销广告植入得恰到好处，可以让消费者把剧中场景和真实生活场景联系到一起，形成深刻印象。同时这些热播剧本身就具有极高的关注度，让三只松鼠的传播效应得以进一步放大。从投资回报率上看，这种植入带来的效益是一般的硬广所不能及的。

3. 出同名动画，打造 IP

三只松鼠曾以自己的卡通形象推出了同名 3D 动画《三只松鼠》，其总播放量超过 1 亿次，可见其火爆程度。三只松鼠的同名动画更好地维系了品牌与用户之间的感情，同时也打造了三只松鼠的 IP，使品牌娱乐化，给用户带来更多的欢声笑语。

打造品牌 IP 的同时能为品牌带来更多的关注。从《三只松鼠》这部动画的播放量就能看出，其品牌的影响力和覆盖度是非常可观的，既维护了老客户，又开发了新客户，可谓一举两得。

11.5 如何做好To B企业的品牌公关

当下媒体环境日趋复杂，除了主流媒体，社交媒体的影响力也越来越大。媒体在为品牌传播提供便利的同时，也让企业越发谨小慎微。同时由于To B 企业的客户基本都是专业人士，他们比 To C 企业的客户更加"苛刻"，更加要求企业提升处理危机的专业性，因此，To B 企业的品牌公关应运而生。

11.5.1 制定品牌公关危机应对预案

对于危机，任何想要避重就轻、浑水摸鱼的做法都是非常不正确的，这样不仅无法解决问题，还会激发用户的愤怒情绪。因此当危机来临时，企业要明确处理危机的流程。首先，企业应了解当事人或用户真正需要什么；其次，在此基础上发表声明、表达歉意；最后，要详细阐明应对办法和改进措施，充分表达解决问题的决心。

企业在做危机公关之前需要梳理好内容，以便让客户更容易理解和信服。对此，企业的公关人员要坚持以下几个原则。

1. 高度重视，有备而来

再优秀的公关人员也不可能仅靠临场发挥就能应对媒体的提问。所以，企业公关团队要提前设想所有可能出现的问题以及答案，并准备好最佳答案。只有这样，当公关团队面对媒体提出的尖锐问题时，才能从容应对。

2. 长期与媒体保持良好的沟通

很多企业总是在出现危机时，才想到找媒体沟通，减少负面影响，而这样做的效果不是最好的。媒体应该是企业的合作伙伴，企业应长期与媒体保持联系。只有长期沟通才能赢得媒体的信任，使其在出现危机时能够为企业预警，在出现争议时做出对企业有利评价。

3. 保持开放，坦诚沟通

在与媒体沟通的过程中，遮遮掩掩或有意回避都会给公众留下糟糕的印象。保持专业的态度，不卑不亢地表达出自己的观点，才能获得媒体和公众的尊重。

4. 保持冷静与理智

企业在发展势头好的时候可能会遭遇无良媒体的不公正报道或者竞争对手的故意抹黑。在处理这类不实的危机时，企业的公关团队要保持冷静和理智，了解事情的真伪后再做回应，用客观的证据击破谣言，做到有理有据、坦诚而克制。

5. 发言人要注意细节

企业的官方发言人在见媒体之前，一定要经过专业的培训，知道什么话能说，什么话不能说。因为发言人承担公司的职务和责任，所以他说的每一句话都代表的是公司的态度而不是个人的态度。例如发言人出席媒体活动，一定要身穿正装、态度谦逊，以表现出对媒体和公众足够的尊重，这样做会在无形中为企业加分。

随着互联网的不断发展，危机事件的传播速度也变得越来越快。在这种情况下，要想把影响和损失降到最低，企业就必须要把危机转化为契机，塑造一个勇于承认错误、敢于承担责任的品牌形象，进而推动品牌和企业的良好发展。

11.5.2 及时响应，真诚对待

在很多情况下，虽然解决危机的方法很重要，但是对危机及时响应、真诚对待更加重要。就危机公关来说，如果企业不想情况恶化，那就必须在第一时间响应，而这里所说的第一时间其实就是指速度要快。

互联网时代，舆论发酵是十分迅速的。如果企业没有在第一时间对危机事件进行响应，公众就会立刻在心里形成自己的判断并相信自己的判断。如今，随着各个企业发展进程的加快，危机事件的数量也越来越多，其中也有很多处

第11章 品牌管理：To B 企业更需要打响品牌

理得非常得当的案例，值得大家学习和借鉴。

××是一个以保健及美容为主的品牌，深受广大女性用户的喜爱和追捧。但即使如此，该品牌还是出现了危机事件。当时，"××面膜疑致用户身亡"的消息不胫而走，用户在感到愤怒的同时又觉得非常恐慌。事件大致情况是这样的：福州一位女士在使用××的一款美白面膜后，出现全身发红的现象，最终抢救无效身亡。

该事件一经曝光，立刻在网上掀起了轩然大波，导致××品牌遭到了用户的质疑，品牌形象岌岌可危。面对这样的局面，××公司没有选择逃避，而是迅速冷静下来，第一时间在官方微博上发表了《关于××面膜事件致媒体函》，具体内容如下。

非常感谢大家对××的支持。近日有用户家属声称其家人使用了××美白面膜后身亡，对于该事件，我司表示高度关注。特作声明如下：

××美白面膜达到了中国化妆品卫生规范标准，通过了欧洲质检机构的毒理评估测试，且该产品在国家指定的质检机构进行了皮肤斑贴测试和执行标准的检测，结果显示产品安全、符合标准。该产品自上市以来，售出超过一百万盒，从未发生过因肤质原因产生使用过敏的投诉事件。

虽然目前并没有证据证明用户的死因与该产品有关系，仍处于调查阶段，但是本着对用户健康负责的态度，我司做出以下安排：

（1）立刻将该产品在所有店铺暂时下架，并着手对该产品进行进一步检测。

（2）及时与用户家属及政府部门取得联系，并与用户家属进行沟通，但目前为止，用户家属未同意配合对原因进行调查。

（3）为了尊重事实，我们仍会继续与用户家属进行沟通，并希望用户家属积极配合调查。

××一直致力于为用户提供优质的商品，一直根据国家法律法规严格审核产品，确保产品符合法律法规的要求和规定。

我司真诚希望与您建立更紧密的联系，加强沟通。如您需要更多关于××的资料，请随时与我们联系。

谢谢！

不仅如此，××还附上了一段话："各位粉丝，相信大家有留意近日××美白面膜事件，目前该事件仍在调查中，我司特作以下声明，并承诺会一如既往提供优质产品，希望大家继续支持××。"另外，秉持着对用户负责的态度，××把涉事面膜送到了国家化妆品质量监督检验中心进行检测，并在检测结果出来之前将其下架。最终的检测结果是涉事面膜完全符合标准，不存在任何问题。

虽然此次事件让用户对××的产品产生了不信任，也对品牌形象造成了一定影响，但其快速回应以及采取的一系列措施，在很大程度上缓和了用户的情绪，让用户感受到了认真和诚恳。事后，××通过国家化妆品质量监督检验中心对涉事面膜的检测结果证明了其无害性，再利用社交媒体进行广泛传播，让用户了解真相，表明致死事件与涉事面膜没有关系，扭转了社会舆论，顺利度过了危机。

××之所以能够把危机事件处理得如此完美，主要是因为把握了"速度快"的准则，在第一时间响应。当然，传播途径也是一个非常关键的因素，××利用微博来表明态度、传递相关信息，进一步保证了危机公关的及时性与广泛性。

需要注意的是，在危机事件中，如果企业暂时不能给出一个准确答复，那么就先表明立场，并告诉用户正在进行详细调查。这样可以让用户知道企业是有所行动的，稳住他们的情绪，等到事件调查清楚以后再公布真相。

面对危机事件时，企业的反应只要稍微慢一点，就会遭到舆论攻击。为了防止负面信息不断扩散，企业必须在第一时间就表明立场。另外，与冰冷的声明相比，走心的道歉更加有效。而要想做到走心，首先得保证措辞的真诚，让用户的不良情绪得到缓和，进而保护企业的品牌形象不受损害，或者把损害降到最低。

11.5.3 "7×24"实时大数据舆情监测

新媒体时代的品牌危机让各大企业谈虎色变，然而大数据为企业应对危机带来了新的选择。在品牌危机爆发的过程中，通过高频次"7×24"实时大数据舆情分析，跟踪危机传播趋势，识别重要参与人员，是企业快速应对危机的必然选择。

大数据可以采集负面传播内容，及时启动危机跟踪和报警机制。在这个过程中，大数据将按照人群社会属性分析、整合危机事件中各方观点，识别关键人物及传播路径，帮助企业找到危机源头和关键节点，使企业快速有效地处理危机，进而保护企业和产品的声誉。

舆情监测和分析行业已经开始在中国兴起并急剧发展。舆情监测和分析是指利用大数据收集、分析、挖掘以及机器学习等技术，不间断地监控网站、论坛、微信、微博、平面媒体等渠道中的信息，使企业及时准确地掌握各种信息和网络动向，从中发现事件隐患，洞悉舆论倾向，了解公众态度和情绪，并结合以往相似事件对企业品牌危机进行趋势预测和应对建议。

互联网是人们发表意见、监督政府和企业工作的有效途径。但是舆情服务在进行行业规范和整合的同时，面临着新的挑战。在企业品牌危机爆发之后，由于互联网用户意见表达监管措施的缺乏，企业很难及时、有效地获取深层次、高质量的网络舆情信息，在危机事件处理工作中处于被动地位。企业应当重视对互联网舆情的应对，建立起"监测—响应—总结—归档"的舆情应对体系。

在信息爆炸的背景下，数据处理与应用需求是大数据时代最大的舆情变革。北信源网情监测平台实现了互联网海量舆情自动实时监测、分析和报警的功能，突破了传统人工方式监测舆情的难题，协助企业客户建立起舆情监测应对体系，该体系如图11-7所示。

图11-7　大数据舆情监测应对体系

1. 快速发现

众多舆情分析案例的实践表明，在互联网舆情出现后的4小时内是控制舆情的黄金时间，被称为"黄金4小时"。舆情监测应对体系的建立有利于企业及时发现舆情危机，利用黄金4小时有效控制舆情扩散。

2. 体系化应对

舆情监测应对体系应当建立起横向、纵向的专职舆情员团队。一旦发现舆情，团队能统一指挥、协同作战、快速响应、科学应对。

3. 总结归档

舆情监测应对体系不仅在舆情爆发前、爆发中发挥作用，在舆情危机结束之后，企业还应当做好舆情存档、应对能力回溯与评估工作。后续工作有利于企业改进管理，避免类似的危机再次发生，也可以预测某类舆情的发展趋势提前制定科学应对措施。

11.5.4 唯品会：快速化解危机，保护品牌形象

唯品会曾出现过一次订单运营事故。一部分消费者抢购了唯品会正在做促销活动的一款小米移动电源，原价需要49元，抢购价只要6元。事发后第三天，成功抢购移动电源的消费者却收到唯品会取消订单的通知。

山东临沂的周先生是唯品会订单事件的"受害者"之一。周先生从朋友那里得知唯品会正在销售一款小米移动电源，原价需要49元，抢购价只有6元。被超低价吸引，周先生参与了抢购活动，加上10元的运费，一个移动电源为16元。活动规定每单只能购买一件产品，周先生先后下单10次，抢到10个移动电源。

三天后周先生收到唯品会的消息："亲爱的会员：由于小米移动电源为非正常售卖商品，订购此款商品的所有订单已取消配送，安排返回。"周先生立即上网查询订单详情，订单状态显示"拒收"。周先生非常疑惑，货都没有到，自己不可能拒收。

原来周先生的所有订单已经出库，但事发两天后被送到山东拦截站，之后返回。周先生将自己的经历发到网上，立即引发各地相同经历的消费者讨论。他们还组建了一个QQ群，共有100多位群成员，大都是成功抢购到6元小米移动电源，但货物中途被拦截的消费者。

面对消费者的质问，唯品会官方的回复是："您购买小米移动电源时，

该活动未正式上线，活动规则明确为上午10点开始，因此购买行为均为违规购买，唯品会根据活动规则及相关法规可以取消订单，现已为您取消订单/拦截配送。"而消费者表示，在抢购产品的活动页面没有发现标有上午10点开始的提示语。

周先生称，在收到取消订单的短信后，唯品会没有提退款的事情。周先生通过客服了解到唯品会将在7～15个工作日退款。周先生等消费者都很愤怒，坚持要唯品会给出合理解释，否则会运用法律维护自己的权益。唯品会客服表示公司已经有专门部门在处理这件事。

对于促销活动页面的泄露，唯品会内部也找不到原因。但唯品会的内部资料显示，有一些消费者还是赶在唯品会拦截货物之前收到了电源。周先生等人之所以没有收到货物，可能是因为他们并非唯品会的忠实客户。因为唯品会促销活动的目的是回馈老用户，所以才会卖6元的亏本价，且有一人限购一单的规定。但有些消费者抢了几十个甚至上百个移动电源，这是不正常的消费行为。

之后唯品会正式对外发表声明表示歉意，同时强调"该活动从未正式上线，是无法通过唯品会主页或者任何公开授权的正常渠道进行购买的"，因此取消了当日相关订单，并进行了退款。对于一些老客户的订单，唯品会公关部人士确认已正常发货。

但发布会当晚，事情发生戏剧性变化。唯品会公关部突然发表声明："考虑到用户体验，我们对5号下的单全部重新发货。"原来，当天下午，唯品会董事会召开紧急会议，做出了此项决定。董事会认为，唯品会与消费者不是对立的。尽管律师表示就算上了法庭，唯品会也不会输，管理层最终还是决定，宁愿亏掉这笔钱也要给消费者发货。

对于已经退款的消费者，唯品会依然选择了发货，此次事件给唯品会带来了至少数十万元的损失。之前，国美、当当、戴尔等企业，都曾因系统缺陷等原因给商品错标低价，之后拒绝履行与消费者的合约。唯品会订单事件不同于以往，网站在法律上无须履行订单，但是唯品会却为了用户体验与自身品牌形象，坚持履行订单，这种做法是值得肯定的。从唯品会应对品牌危机的案例中，企业可以得到以下启示，如图11-8所示。

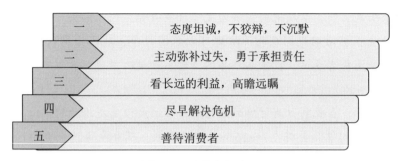

图11-8 品牌危机启示

1. 态度坦诚，不狡辩，不沉默

企业与消费者发生误会或者企业损害了消费者的利益，消费者会对企业产生不信任。所以，企业在为自己辩护时，不要给媒体和消费者留下狡辩的印象。出现危机事件后，企业的态度很重要，既不能盲目道歉、一味忍让，也不能态度蛮横、大耍官腔，企业要坦诚地面对自己的过失。另外，企业的沉默对消费者来说意味着默认和理亏，所以，企业不能轻易用沉默的态度处理危机。

2. 主动弥补过失，勇于承担责任

企业本身就负有更多的社会责任和义务，所以当企业损害了消费者利益时，可以用承担社会责任、甘于吃亏的方法快速获得消费者的谅解和再次认可，弥补品牌损失。

3. 看长远的利益，高瞻远瞩

面对媒体和消费者的质疑，企业要对自己的失误进行纠正和弥补。在这个过程中，企业必须有清醒的认识，放眼未来，不要局限于眼前的利益。否则，企业会因小失大。

4. 尽早解决危机

以负面信息开始的企业危机，企业都应当让它尽早结束。除非企业高明的公关手段可以将媒体和消费者引导到一个有利于企业的环境氛围中，能够帮助企业获得良好的企业形象和知名度，培养忠诚客户。否则，企业就必须尽快结

束危机事件,利用时间淡化事件的不良反应和负面影响。

5. 善待消费者

消费者的感情是企业宝贵的财富,一旦企业欺骗了消费者的感情,就很难再挽回。做个诚信的经营者,善待每一位消费者,企业终将得到消费者的回报。企业经营者应当谨遵"诚信守法,爱心经营"的理念。

持续发展：To B 企业如何始终保持竞争力

随着互联网技术日新月异地发展，越来越多的 To B 客户将产品搜索、研究、购买的流程转移到线上，To B 企业交易的复杂程度也在增加。

善于接受新鲜事物的年轻人往往对 To B 青睐有加，他们生活在数字化时代，享受着科技带来的便利。在日常生活与工作中，他们会主动搜索想要的产品，快速、便捷地购买。因此创建个性服务与数字体验、进行数据整合与驱动、实现快速上线、确保稳定与可拓展性，都是 To B 企业大有可为的方向。

第 12 章　持续发展：To B 企业如何始终保持竞争力

12.1　To B 企业面临的竞争压力

To B 企业所要面临的竞争压力属实不小，例如来自客户决策的压力、互联网普及带来的挑战、产品同质化带来的挑战等。

To B 企业需要正视面临的压力并逐条给出解决办法，化压力为动力，在激烈的竞争中逆流而上，勇攀顶峰。

12.1.1　技术迭代，企业的数字化转型

目前，许多企业的工作效率提升都陷入了瓶颈期，亟待变革。而最贴合当前趋势的便是进行工作环境的数字化转型，赋能人与空间，全面提升企业的工作效率。

美国的 VMware 是一家致力于帮助企业进行工作环境智能化转型的 To B 企业，其旗下的数字化平台 Workspace ONE 可以为企业提供数字化智能工作空间，同时通过对碎片化时间和空间的利用，充分增加员工在工作中的自主权，能够大幅提升员工的整体工作效率。

Workspace ONE 还可以为企业提供全方位的监测，从而为员工提供有效的工作建议。Workspace ONE 也非常重视安全性，能够为企业提供一个没有后顾之忧的数字化工作环境。

同样是美国的数字化工作空间平台，Citrix 也能够为企业提供数字化工作环境，其最为突出的优势是将效率、安全和体验进行了很好的融合。Citrix 让员工可以在任何设备上登录工作系统，这有助于员工利用好碎片化时间，充分提高工作效率。同时，Citrix 多维度的立体防护层也降低了工作系统遭受攻击的可能性。Citrix 还简化了很多工作流程，让员工有着极佳的工作体验。

在我国，优客工场是打造数字化工作环境的代表。优客工场的创始人毛大庆是房地产业出身，曾任万科副总裁。毛大庆认为未来房地产业数字化转型是

必然趋势，所以他选择从万科辞职，创立了优客工场。

优客工场在发展过程中一直秉承着数字化融合的理念，在全球设立了200多个数字化共享办公空间，给办公环境的改善带来了非常重要的变革。在成立不到4年的时间里，优客工场就发展为一个估值超过90亿元的"独角兽"企业，与其合作的服务商有阿里云、用友等国内优秀的To B企业。未来，优客工场还计划打造人工智能办公桌，让员工利用办公桌就可以完成信息的交互和整合，不必再通过服务器登录大量的端口。

毛大庆表示，构建商业社交平台与资源配置平台是共享办公最重要的部分。这可以使企业更加高效、快捷地获取所需资源，这也是共享办公智慧化和数字化的重要体现。优客工场在这一方向的努力，可为企业提供更好的资源配置平台，让企业在商业社交圈里获得其需要的资源。

未来，数字化工作环境将成为企业升级和转型的必经之路，人工智能和大数据等高新技术是其中的关键。这也给很多To B企业提供了发展的机会，To B企业可以为员工设计更加高效、便捷的工作系统，简化工作流程，提高员工的工作效率和工作幸福感。

12.1.2　老客户流失，新客户难获取

对客户实施差异化管理是To B企业处理客户关系的关键，这一举措对双方都大有裨益。

首先，从销售团队的角度出发。由于不同的客户在规模上存在差异，因此不同客户为企业贡献的价值天差地远。基于这种情况，企业需要对客户进行分类并采取不同的服务与管理策略，针对性地分配有限的资源，更好地为优质客户服务。

其次，从客户的角度出发。客户对差异化管理同样有潜在的需求，他们认为满足其个性化需求是企业对自身的尊重，因此客户更倾向于和能满足其个性化需求的企业建立合作关系。此外，客户之间对增值服务的需求也存在差异，客户与销售团队建立合作关系的层次越深，就越希望得到更多的增值服务。客户的个性化需求与增值服务需求被满足的程度，与其对企业的满意度与忠诚度成正比。

第 12 章 持续发展：To B 企业如何始终保持竞争力

若销售团队采取"一刀切"的管理策略，部分高价值客户可能会感到被忽视，会产生他们为销售团队创造的高利润未能得到相应回报的想法，并且很容易在后续合作中失去耐心与积极性。

时代在不断发展，客户的个性化需求每年都在上涨，他们更倾向于通过享受卓越的服务来展现与其他人的差别。而对于低价值客户，销售人员也不能不闻不问、消极处理，而要采取激励措施来促使其朝着高价值客户转变。

新客户难获取这一问题普遍存在于很多行业，To B 作为一个竞争激烈的行业，是这个问题的重灾区。但营销团队抱怨找不到客户资源，其实是他们缺乏整合能力导致的。

整合的本质是弥补自己缺少的能力与智慧。销售额低的原因是缺少优质的客户，而缺少优质客户的原因是没有整合众多现成及潜在的资源，无法让这些优质客户"为我所用"。

营销团队要做的就是找到有优势的资源，分析自己的劣势。将这些资源整合为一个资源表，能让营销团队更直观地了解自己在某一阶段的整合重点，从而进行专项突击、查漏补缺，寻找潜在客户并将优质客户"为我所用"。

To B 企业需要维护好老客户的利益，使其成为企业的忠诚客户 To B 企业还需要通过客情调查、转介绍等方式不断挖掘新客户，为企业发展注入源源不断的动力。

12.1.3 产品与时代脱节，无法打动客户

To B 企业想要研发出能够帮助企业解决问题、提升效率的产品就必须关注两个方面：应用场景和技术。应用场景是基础，技术是手段。

客户企业的需求大都是在应用场景中体现出来的，应用场景应是 To B 企业在研发产品时关注的重点，但很多 To B 企业在研发时只一味地关注技术。以 CPU（中央处理器）为例，Intel（英特尔）是全球最大的 CPU 制造商。市场中也有一些 To B 企业的 CPU 产品做得很好，但是由于其对产品的应用场景不够了解，在落地应用时难以与 Intel 竞争，市场份额远低于 Intel。所以，To B 企业在关注技术的同时，还要关注产品能否在应用场景中快速落地，任何脱离应用场景的技术都是空谈。

在研发产品时，To B 企业应该做到 3 个方面：第一，快速了解客户企业的业务，为产品的设计提供思路；第二，利用技术还原业务，并构建出相对应的产品模型；第三，将产品应用在实际的场景中，根据发现的问题对其进行调整和改进。总而言之，To B 企业对客户企业的业务和应用场景越了解，研发出来的产品就越合理。

中小型 To B 企业，尤其是初创企业，更需要深入钻研客户企业的业务和应用场景。虽然国内多家巨头已经开始布局 To B 市场，但由于细分领域过多，因此 To B 市场很难出现 To C 市场中巨头垄断的局面。To B 的客户是企业，要为企业提供精细化、专业化的服务，就要求 To B 企业深耕客户企业所涉及的领域，具体表现在产品要高度契合客户企业的业务和应用场景。

腾讯金融云发布了开放式移动金融开发平台 TMF（Tencent Mobile FinTech Platform），该平台既可以为金融机构在技术开发、运维、安全等方面提供帮助，又可以给金融产业链上下游的各个企业提供全方位的支持。腾讯金融云总经理胡利明曾表示，TMF 的数字技术工具箱和各类技术模块，可以充分满足金融机构在不同场景下的不同需求。这很大程度上拓展了金融机构合作的范围和渠道，形成一个无边界的金融业务合作生态。

京东数字科技也将技术和场景应用相结合作为一个非常重要的战略，并在大数据、人工智能和物联网等方面为这一战略提供支持。大数据是实现产业数字化的技术基础和前提；人工智能已被应用于风控领域，京东人工智能的整体能力也因大量实战而得到不断提升；物联网是解决场景应用问题最为重要的技术之一。

京东数字科技集团副总裁、技术研发部总经理曹鹏曾表示，在技术层之上就是场景。所有的技术都不是独立存在的，都是依托于场景的需求，在场景里面有营销、客服、风控，每一个场景背后都有一个或者多个技术的支撑。

目前，京东数字科技的智能解决方案已经进入养殖业，开发了神农大脑（AI）、神农物联网设备（IOT）和神农系统（SaaS），以养殖巡检机器人、饲喂机器人、3D 农业级摄像头、伸缩式半限位猪栏等先进设备为辅助，并应用猪脸识别、声纹识别、视觉估重等技术，实现了养殖场内实时监测、精准饲喂、智能环控等功能。

此外，京东数字科技针对奶牛养殖，为首农畜牧等企业创新性地部署了智能项圈、智能监测站、实时监测网、智能喷淋等设备与系统。在完成部署后，首农畜牧的4个奶牛场可以全面实现牛只管理、人员管理、圈舍管理的数字化、智能化和互联网化，其中包括了精准饲喂、疾病监测、点数估重、任务分配、育种管理等各项环节。

京东数字科技还尝试开发农牧产品活体销售平台、数字农业物联网平台、养殖大数据平台等，并联合京东商城、京东物流等业务，服务养殖业全产业链的各环节，完善养殖业相关的服务体系。

To B 企业需要的技术是互联网、大数据、人工智能、物联网、5G 等技术的集成，To B 企业要将这些技术与客户企业的业务相结合，开发出符合客户企业应用场景的产品，实现客户和企业双赢。

12.2 To B营销的潜在发展机遇

俗话说，机遇与挑战并存。随着互联网不断发展、媒体环境不断变化、产品不断革新，To B 营销面临着崭新的发展机遇。To B 企业只有跟上时代潮流，抓住每一个稍纵即逝的机遇来推动企业前行，才能在时代浪潮中处于不败之地。

12.2.1 开放的媒体环境，促进企业与消费者共赢

在这样一个开放的时代，媒体环境也在向好的方向发展。企业与消费者的距离在拉近，不再是企业高高在上，消费者任凭"宰割"。企业媒体不再独享事件的解释权，其在新闻领域的主导权逐渐落到消费者手中，越来越多的消费者、自媒体自发地参与到讨论中，让互联网成为一个平等、开放、包容的空间。

这种现状有利有弊。如果企业的产品质优价廉，便会有消费者为你"安利"；如果企业的产品得到了很多差评，便会让每一个看过差评的人"拔草"。开放的媒体环境让企业能够看到消费者的意见与建议，让消费者能够看到企业的改变，企业与消费者共同促成开放、共赢的新局面。

新媒体扎根于网络，基于数据与技术的温床。媒体形式与内容日趋多元化，为我们带来了截然不同的体验。To B 企业不妨借助新媒体浪潮建立开放的企

业媒体，为企业发展注入时代特色。

12.2.2　革新产品研发顺序：客户→产品

经过几年的探索，从大起大落到如今的逐渐回暖，我国的 To B 企业慢慢走上正轨。To B 企业要将客户放在第一位，要立足于客户企业的实际需求研发产品，从而提升自身竞争力。

To B 企业要找到客户企业真正的需求，在此基础上仔细打磨产品质量，并突出市场上竞品没有的优势，这样才有可能在市场上处于领先地位。在这一方面，钉钉就做得非常好，并成为目前我国最大的移动办公应用。

在接手钉钉之前，钉钉团队主要负责阿里巴巴旗下一款社交产品"来往"的开发。"来往"是阿里巴巴打算在社交领域和腾讯一较高下的产品，其主要对标的是微信。但由于微信已经牢牢占据了市场的优势地位，"来往"发展得非常不顺利。因此，阿里巴巴选择开发一款专用于办公的社交软件，也就是后来的钉钉。

钉钉是在被称为"阿里巴巴圣地"的湖畔花园孵化出来的，其团队以支付宝前端工程师吴振昊为首。他们在前期进行了大量调研，为开发工作提供数据支撑。因为我国的大企业基本都有自己的 IT 管理系统，对于钉钉的需求度不高，导致钉钉一开始的推广不顺利，所以钉钉团队将目标客户定为中小企业。

但当时许多企业都十分缺乏使用专业的移动办公应用的意识，没有 IT 管理系统的中小企业基本上都是依靠 QQ、微信、邮件等社交方式进行沟通。因此，虽然钉钉团队拜访了很多家中小企业，但都以失败告终。

就在钉钉团队想要放弃的时候，它们遇到了钉钉的第一个客户——康帕斯。康帕斯主营 IT 硬件和互联网解决方案的业务，当时企业有七八十名员工，准备进一步发展壮大，但管理和沟通成为康帕斯 CEO 史楠最头疼的问题。因为企业规模在不断扩大，而沟通方式却涉及 QQ、微信、邮件等，企业很难进行有效管理，所以必须尽快找到统一的沟通协作应用。

康帕斯想斥资购买专业的 IT 管理系统，钉钉负责人陈航则表示愿意为康帕斯提供免费的沟通协作应用，双方一拍即合。在此之前，虽然钉钉团队做过很多调研，但都没有真正深入过企业内部，这次机会对钉钉的后续发展影响颇深。

第 12 章 持续发展：To B 企业如何始终保持竞争力

在与康帕斯展开合作之后，钉钉团队仔细地研究了中小企业具体的运作模式及存在的问题，有针对性地在钉钉中提供了解决方案。经过数年的打磨，钉钉逐渐趋于成熟，从 DING 功能到日志功能，再到各种审批流程的建立，钉钉让许多中小企业都能够享受到阿里巴巴管理模式带来的便利。

钉钉团队通过对中小企业的深入了解，帮助中小企业更好地发展，也为钉钉建立了多方面的优势。钉钉的优势表现在以下几个方面，如图 12-1 所示。

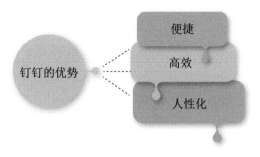

图 12-1　钉钉的优势

1. 便捷

在企业内部群里，员工之间可以进行自由沟通，无需添加好友，这加强了员工之间的联系，节省了沟通成本。这个功能可以避免突发问题联系不到人的情况，省略了验证通过的环节，可以保证员工在第一时间读到消息。

2. 高效

企业内的员工通过钉钉进行沟通时，可以看到对方是否阅读了消息，未读消息还可以一键转 DING 进行提醒，这在很大程度上提升了沟通效率。不知对方是否知晓消息，是工作效率低的一个重大原因。很多时候我们因为等待对方回复，而拖慢了整体工作的进程。然而如果知道了对方已读或未读消息，我们就能判断对方是否在线，以及是否需要采取其他沟通方式。

3. 人性化

管理者无法在钉钉上获取员工之间的沟通信息，这很好地保护了员工的隐私，展现出钉钉人性化的一面。除此之外，钉钉上是实名聊天，员工离职后会自动退出企业群，误发消息可撤回，体现了极高的安全性。

大部分 To B 企业都可以研发出浅层产品，但这样的产品没有核心竞争力。To B 企业要像钉钉团队那样做深层的产品，使产品具备明显的优势。此外，由于全球化趋势不断加强，To B 企业也要不断提升自身能力，以便更好地应对国外企业的挑战。

12.2.3　从沟通到预测，更贴心的服务体验

现在大部分的 To B 产品和服务主要用于沟通交流、人力资源管理、供应链管理、数据储存等方面，而随着人工智能、云计算、5G 等技术的不断成熟，预测行业将成为未来的发展趋势。

针对预测行业，国际信息业巨头 IBM 已经拥有了相应的技术。IBM 首席执行官罗曼提公开表示，IBM 已经开发出了可以评估员工离职意愿的人工智能技术，准确率可以达到 95%。这一技术对 IBM 非常重要，它可以把握和员工沟通的最佳时机，帮助 IBM 留住人才且减少了将近 3 亿美元的员工留用成本。

这一技术将会使传统人力资源管理模式发生重大变革，HR 可以更好地对企业的员工进行管理。同时，在未来的发展和升级中，这项技术还可以分析出员工擅长的方面，为员工指明发展道路。

在我国，也有 To B 企业开展预测业务，探迹科技就是其中的代表。探迹科技利用人工智能和大数据技术，为企业提供以下 4 个方面的产品和服务，如图 12-2 所示。

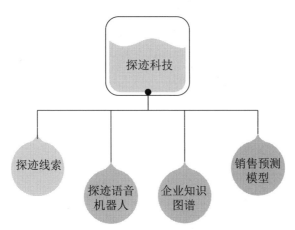

图 12-2　探迹科技主要的产品和服务

第 12 章 持续发展：To B 企业如何始终保持竞争力

1. 探迹线索

探迹线索可以对线索进行发现、触达、管理和分析，帮助企业找到需要的销售线索并加以利用，让企业在市场中迅速获得最有用的信息。目前，探迹线索已经为今日头条、网易、金蝶云等知名企业提供了数千万条有价值的线索，而且在拓展市场、筛选客户、分析客户、提升语言组织技巧等方面也取得了重大突破。

2. 探迹语音机器人

探迹语音机器人可以为企业提供自动拨打、自动应答、标签分类、通话打断、任务管理、数据分析 6 项服务，而且可以与探迹线索进行无缝对接，为企业提供全方位、立体化的销售管理服务，涉及领域包括互联网、保险、房地产、教育等。

探迹语音机器人的优势在于大幅减少了企业的人力成本，能够提供人工 8～10 倍的工作量。探迹语音机器人可以更加高效、全面、实时、准确地完成数据统计工作，它还具有语义理解能力，不是进行简单的关键词匹配，而是可以与对方进行真人般的交流。

3. 企业知识图谱

通过对海量数据的搜集和管理，探迹科技绘制出了一个覆盖超过 1 亿家企业的企业知识图谱，其可以全方位地满足企业的业务需求。图 12-3 为企业知识图谱的构建过程。

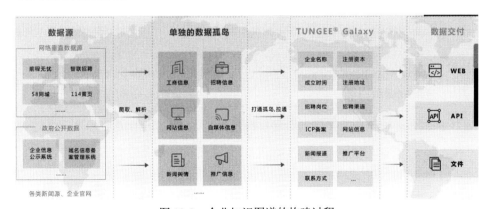

图 12-3　企业知识图谱的构建过程

探迹科技会在网络垂直数据源、政府公开数据等方面抓取关键数据并进行解析，打通工商信息、招聘信息、网站信息、自媒体信息等信息之间的数据孤岛，对企业进行全方位的数据搜集与分析，从而为企业构建起数据完善的企业知识图谱。

企业知识图谱具有获取基础数据、客户数据补全、行业数据定制和企业客户评估4大功能，对于数据的来源、质量、更新和安全都进行了科学的管理。企业知识图谱使用起来非常便捷，只需要提交申请、需求评估、数据对接3步，企业就可以充分利用数据。

4. 销售预测模型

销售预测模型可以帮助企业进行新客户精准挖掘、存量线索评估、客户画像构建、销售时机判断、销售技巧提升以及现有业务系统的全面整合，图12-4为销售预测模型。

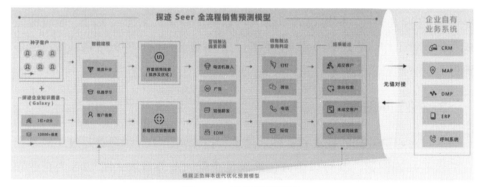

图12-4　销售预测模型

销售预测模型能够让企业从纷繁复杂的数据分析工作中抽身，使企业专注于销售工作。目前，探迹科技的销售预测模型已经服务了数千家企业，大幅提升了其工作效率和业绩。

在未来的To B领域中，产品的使用体验会越来越重要，甚至会成为评价To B企业优劣的依据。在这一方面，探迹科技为其他To B企业提供了很好的借鉴。在未来的发展中，更多的To B企业或许会放弃"技术为先"的理念，而采用"体验第一"的理念，这将使企业工作效率和产品质量获得又一次提升。